霸屏

阮枫 著

GO VIRAL

METHODOLOGY OF USER COMMUNICATION

超预期的用户传播方法论

電子工業出版社
Publishing House of Electronics Industry
北京·BEIJING

未经许可，不得以任何方式复制或抄袭本书之部分或全部内容。
版权所有，侵权必究。

图书在版编目（CIP）数据

霸屏：超预期的用户传播方法论/张晓枫著. —北京：电子工业出版社，
2019.5
ISBN 978-7-121-36096-1

Ⅰ. ①霸… Ⅱ. ①张… Ⅲ. ①网络营销 Ⅳ. ①F713.365.2
中国版本图书馆CIP数据核字（2019）第039841号

书　　名：霸屏：超预期的用户传播方法论
作　　者：张晓枫

策划编辑：陈思淇
责任编辑：郑志宁　文字编辑：陈思淇
印　　刷：三河市双峰印刷装订有限公司
装　　订：三河市双峰印刷装订有限公司
出版发行：电子工业出版社
　　　　　北京市海淀区万寿路173信箱　　邮编：100036
开　　本：880×1230　1/32　印张：8　　字数：185千字
版　　次：2019年5月第1版
印　　次：2020年1月第3次印刷
定　　价：49.80元

凡所购买电子工业出版社图书有缺损问题，请向购买书店调换。若书店
售缺，请与本社发行部联系，联系及邮购电话：（010）88254888，88258888。
质量投诉请发邮件至zlts@phei.com.cn，盗版侵权举报请发邮件至dbqq@
phei.com.cn。
本书咨询联系方式：（010）88254210，influence@phei.com.cn，微信号：
yingxianglibook。

我们常说，这是一个注意力稀缺的时代。我们仿佛处在一个开放化的"信息茧房"里，一边可以用碎片化的时间任意撷取碎片化的内容，一边又要时时刻刻"被动"接受品牌和热点的轮番轰炸。

从某种程度上说，用户有点不够用了。

这背后折射的，其实是整个移动互联网行业的技术变迁，以及由此带来的传播环境的剧烈变化。智能终端的普及，改变了内容的展现形式，也改变了与用户的连接方式；而互联网的去中介化特点，以及技术、平台的迅速迭代，又进一步强化了传播节点的分散性；用户也正在群体分化、兴趣个性化的路上越走越远……

可以说，我们面对的是一个更加开放、更加多元，也更加复杂的传播环境。

20多年来，我一直在媒体、广告、营销行业辗转求索，对这种传播环境巨变的体会尤其深刻。以我的感受，这种变化甚至是瞬息之间完成的。很多时候，品牌还没有完全琢磨透上一个营销新词，新的技术和工具又诞生了。在过去，很难想象技术公司、数据公司会纷纷加入营销行业，并成为一股重要的行业发展推动力量。

在这样一个由用户、数字媒体、技术平台合谋的对话、互动、体验、社交和参与的营销时代，品牌要影响用户，必须从内容、技术到媒体平台建立整合的、跨界的传播生态。从虎啸奖历年参赛案例的变化来看，基于线上联动、线下整合的营销模式，也确实越来越成为主流。正如晓枫在书中所言，屏幕正在改变用户的行为方式，只有那些进化出新的营销手法的品牌，才能在这个时代存活。

不过，正所谓万变不离其宗，我想无论技术如何变迁、商业模式如何迭代，依然有一些本质的东西不会轻易改变。

比如，传播的实质是受众影响的最大化，至于怎样的传播形式，则要看为这个实质服务的程度如何。每个时代都有每个时代的话语体系，不过这不影响我们活学活用、与时俱进，在品牌和用户之间找到一个最适合、最有效的沟通方式，乃至于实现霸屏，晓枫也在这本书里对此进行了很多有益的探讨和总结。

再比如，人性。渠道的多元化一定是有助于触达更多用户的，但最有效的触达点，一定是事关人性的。正所谓江山易改，本性难移。很多时候，用户的非理性底色往往会被我们有意放大。当然，这是把双刃剑，品牌是向左，还是向右，恐怕同样是一道事关人性的选择题。

晓枫在这本书里花了很多笔墨来探讨用户的非理性决策和消费行为，尝试剖析纷繁事件下潜藏的人性，我读来也觉得很有收获。

和晓枫认识，源于我创办的虎啸奖。晓枫是虎啸奖特邀评委，是一个思维敏捷、有独到见解的年轻人。我想，这个剧烈变化的市场，固然正被不断涌现的年轻化的思维、内容和触达方式所渲染，对深处其中的品牌商和我们这些"老一辈人"提出了更多的挑战，不过，同样令人欣慰的，是越来越多卓有见识的年轻人不断涌现并加入进来。

正因此，我相信所有挑战，都将会化为机会；所有机会，都将在这些年轻人的开拓下，化为广阔的、任人驰骋的天地。

世界，终归是属于年轻人的。祝福他们。

中国商务广告协会副秘书长，虎啸奖创始人

国际品牌观察杂志社总编辑　陈徐彬

2019年3月写于南京

"酒香不怕巷子深。"

在移动互联网大潮席卷几乎所有商业体之前，这句俗语可谓金科玉律了。在那个草莽时代，企业只需细心打磨产品，其他的交给用户去检验，让用户主动寻上门来，就可以活得足够滋润了。

如今，还敢这么自信的企业，几乎不存在了。还活跃在战场上的玩家们，没有谁会否认——世道真的变了。

新媒体时代也好，多屏时代也罢，在话语权不断下移、渠道日益多元、信息更加芜杂、时间和精力愈发细碎的当下，重新认识人与人之间、人与产品和品牌之间的关系，重新起航去寻找和构建不同颗粒间更顺畅的连接和沟通方式，正变得前所未有的重要。

在很多语境下，我们常常将互联网经济称为"眼球经济"，品牌方放下过去矜持的身段，在社交媒体上摇身一变，或卖萌、或嗔怒，像乡野市集上的小商小贩一样吆喝叫卖，只为万千用户能够"回眸一笑百媚生"。

没有要批评的意思，正所谓时也，势也，适者生存的丛林法则在品牌方多如牛毛的商业社会，永远正确。

不过，笔者更想探讨的是，在高谈刷屏的当下，重新提出霸屏这一概念，是否有些迂腐、是否无法与时俱进了呢？

恰恰相反。每天醒来，我们被一波接一波的热点冲击到眼晕目眩，我们每天打开再退出社交媒体的次数达到几十次甚至上百次，生怕错过任何一个"刷屏谈资"。然后，我们在夜深睡去，再也记不得是什么事件或品牌，给我们平添如此多的"惊心动魄"。仔细想想，无论是品牌方还是用户本身，长此以往是否都有些疲惫呢？热点刚被谈起，转瞬间又被淹没，是否有些遗憾呢？

事实上，对于霸屏这个词，很多人应该并不陌生，这是站长时代遗留下来的产物。在PC时代，百度SEO技术火爆发展，无数品牌方都使尽浑身解数来打造百度霸屏，当用户在百度搜索网页上搜索某一关键词的时候，能够在计算机屏幕上大量出现某一品牌方的信息，进而占领用户的眼球和认知。

这样的诉求或概念，在如今的多屏时代甚至更为强烈，品牌方是否能够持续刷屏；是否能够让用户在社交海洋的角角落落里找到你；是否在用户需要的时候能够想到并且使用你……这些都事关流量和转化，事关企业的生死。

这就是本书将话题再次聚焦到霸屏的缘由——霸屏和刷屏其实是一体两面的事情，更准确地说，刷屏只是霸屏的手段，所有品牌方的根本诉求不应该只是追求"昙花一现"，而是要持之以恒地长期占领。企业不一定非要铆足了劲去制造一次抓眼球的刷屏事件，但是，企业一定要将霸屏进行到底。在这个过程中，广告、营销、公关，不同的手段在当下的传播环境中都在融合，我们所需要的，是一种与时俱进的整合性思维。

基于此，本书共分为九章，分别介绍了企业创作霸屏内容的13条军规、构成产品畅销的8个元素、造就霸屏的6大法则、抢占用户心智的5个技巧、厘清霸屏广告的3大原则、营造热门社群的5大方法、粉丝倍增的8大获客秘籍、打造霸屏产品的5个战略，以及霸屏营销的8个创新思维等内容。通过对当前时代背景的审视和分析，对企业的营销模式和趋势进行全新的解读，并对霸屏营销的具体方法进行深入探索，为企业提供了基础的参考方法。本书有观点、有方法、有案例，覆盖全面、视角独特、解读深入，语言通俗易懂，旨在帮助广大经营者做到霸屏营销，为企业的长远发展提供垫脚石。

当然，鉴于笔者才疏学浅，书中难免有不足之处，本书仅做抛砖引玉之用，不求能给有缘读到这本书的朋友们带来很大帮助，如果能给朋友们带来哪怕一点点启示或思考，笔者也就心满意足了。

最后，"酒香不怕巷子深"这句话并未过时，正如霸屏这个概念一样。在"野蛮人"出没的互联网市场上，工匠一般的心态和精神逐渐成为"稀缺品"，说不上好坏，不过，希望它不要成为"灭绝品"吧。

张晓枫

2019年2月写于上海

第一章 01 创作霸屏内容的 13条军规

第二章 02 构成产品畅销的 8个元素

第三章 03 造就霸屏的 6大法则

第六章 06 营 造热门社群的 5大方法

第七章 07 粉 丝倍增的 8大获客秘籍

第八章 08 打造霸屏产品的 5个战略

第九章 09 霸屏营销的 8个创新思维

第一章

创作霸屏内容的 13 条军规

随着新媒体和移动社交网络的兴起，微博、公众号、头条号等移动新媒体已被各类营销模式霸屏，变化多端的广告形式"刷爆"了每个人的计算机和手机屏幕，网民用户对于广告霸屏的状况逐渐感到视觉疲劳，由于用户有搜索和阅读信息的自主选择权，以至于霸屏营销策略也需要顺应时势、及时更新，否则只会事倍功半。

学习正确有效的霸屏营销方法是品牌推广的当务之急。那么，怎样才能创作出符合当前互联网特质的霸屏内容，怎样的品牌营销才符合这个时代呢？我们先从霸屏营销的13条军规谈起。

奖励人民币，不如奖励社交货币

新媒体时代，当社交网络开始和利益产生联系时，社交关系便成了一种可以消费的资源。"社交货币"这一新的营销学概念，最早是由沃顿商学院市场营销学教授乔纳·博格提出，它是用来衡量用户分享品牌相关内容的倾向性问题。在社交货币的概念中，用户在微信和微博上讨论的东西就代表和定义了用户自己，所以用户会比较倾向于分享那些可以使自己的形象看起来更好的内容。发社交分享，并以此获取收益，是社交货币的主要表现形式。平时，我们在自己的社交网络发表的可以引人关注、评论和点赞的内容，都可以称为社交货币，社交货币全面地体现了人际互动所展现的特征。

网络时代，最关键的是网络传播的影响力，最有价值的是用户的关注度，而社交货币正是用户关注度和传播影响力之间最为通行的一种"货币"。

2007年，问答网站Mahalo.com问世，为了鼓励用户在网站上提问和答复，Mahalo网站推出了自己独创的金钱激励体系。首先，在网站上的提问者需要悬赏提问，也就是提供一笔网站内发行的虚拟币作为赏金。接着，其他用户可就此问题提交答案，最佳答案提交者可获得这笔奖金并可将其兑换为现金。

"Mahalo"在夏威夷方言里是感谢的意思，网站的创始人认为，这样的奖赏模式有助于激发人们的参与热情，并增强网站黏性。事实证明，此举确实奏效，Mahalo网站的新用户数量呈现爆发式增长，然而好景不长，人们的参与热情很快冷却了下来。

尽管用户能够从这个问答网站中获得真金白银，但是这种单纯的经济刺激手段似乎不具备持久的黏性。在Mahalo网站为留住用户而努力时，另一家问答网站后发制人。

2010年，Facebook前雇员查理•切沃和亚当•安捷罗成立了一家名为Quora的网站。"Quora"这个词，由"quorum"一词派生而来，有仲裁、会议法定人数等含义，从一开始，创始人就为它设定了社交基因，因为一个答案是否完善，不能由提问者独自裁定，要由大家投票决定。

Quota作为一个社会化问答网站，结合了Twitter网站的follow关系、维基式的协作编辑、Digg网站的用户投票等模式，很快就获得了大众的热捧。

有别于Mahalo网站的是，Quora网站没有给提交答案者奖励过一分钱。

为什么人们对Quora网站的热情超过了能提供金钱激励的Mahalo网站？

Mahalo网站创始人显然更倾向于把人视为经济动物，以为给用户提供真金白银的奖励，就可以增强他们与网站之间的黏性。可他忽略了人也是社会动物的特性。Mahalo网站的工作人员最终发现，人们在访问Quora网站时并不单纯为了赚取真金白银，而是更关注一种叫作"社交货币"的东西。Quora网站设计的投票系统可以让用户对满意的答案投出赞成票，从而建立起一套稳定的社交反馈机制，比起Mahalo网站的赏金，Quora网站的社交货币反而更具有吸引力。

社交货币形象地表达了社会网络之间的流通特性，在互联网的霸屏营销思维中，这种现象给我们两大启示，即谈资转化功能和推广展示功能。

1. 谈资转化功能

人们在日常生活中需要沟通交流，有交流就有话题，即使没有话题，也可以制造话题。话题可以来源于生活的各个层面，譬如，讨论某本书的阅读感受，某件产品的测评结果等。若一个公众人物在社交圈推荐了某件产品，那么，就会有大量的用户愿意跟着买单。这就要归功到社交货币所起的决定性作用。

2. 推广展示功能

每个自媒体都是一个社交货币交易市场，你分享的每一条信息，都是衡量社交货币价值的重要参数，你的朋友们可以依照这个参数，对你的社交货币的价值高低进行评估。比如，你在朋友圈分享了某个咖啡厅里喝咖啡的照片，并给了这杯咖啡写了一段好评文字；你买了一辆新车，晒出了新车图片，并分享了自己的试驾体验；你听了一首动听的音乐，并因此发表了一篇乐评……这些传播内容既展示了你的个人品位，也为这些品牌做了有效的社交推广。

这里需要说明的是，社交货币的具体价值又可分为实际价值和虚拟价值两部分。实际价值，即指品牌的价格以及使用价值；虚拟价值，则是指品牌的文化理念、知识体系等。放在个人身上，实际价值可以理解为个人的身份、地位；虚拟价值则是指个人的影响力、人气等。反过来说，传播者的身份和影响力等的高低，正是判断其社交货币能否达到口碑传播效果的一个重要因素。

既然社交货币也是一种"货币"，就必然有升值和贬值两种可能，如果你的营销内容只是一种"垃圾信息"式的存在，很显然，你的用户不停转发的过程，也是你的社交货币直线贬值的过程。

那么，怎样善待你的社交货币，才不会导致其贬值呢？最关键的是在做营销之前，扎实做好传播内容——唯有好的传播内容，才是营销成功的关键。

随机应变，寻找不同社交媒体的社交本币

在不同性质的社交媒体上，社交货币的表现形式是不一样的。以社交货币的理论为视角，可以分析出网络空间中信息分享带来的价值。

微信作为一款全方位的移动社交软件，除了具有发消息聊天的通讯功能，还提供朋友圈这一社交平台。目前，微信已经成为国人的一种生活方式，直接影响着我们的日常娱乐和消费。

微信里的好友以亲友、同事居多，相比微博、贴吧等开放性的虚拟社群，微信更倾向于熟人圈内的人际交流。微信用户可以在朋友圈中发布图文、小视频，分享各类链接，来获取点赞和评论的互动，用户们不惜花费时间写文案、修图片、拍视频，只为编辑出既能表达自我又能获得别人认可的优质内容。

但是，微信的朋友圈不能等同于现实的社交圈，朋友圈中的互动是传播主体与互动主体以虚拟的身份在进行互动，只能通过评论中的文字、表情等媒介符号交流，用户大多会选择在朋友圈分享自己的生活细节，或者分享一些跟生活消费有关的信息，在用这些信息进行口碑传播的同时，也在给自己贴标签。

而那些基于陌生人的网络社交平台，如微博、微信公众号等社交媒体，主要展现的是评论交流、思想交流和观点交流，与朋友圈的交际互动有较明显的差异。尽管这些平台之间可以互相吸引用户，但两个平台的传播潜规则却大相径庭，它们之间的社交货币的差别，就像不同国度使用不同的"本币"。

本币原是指某个国家或地区的法定货币，除了法定货币之外，其他的货币都不能在这个国家流通。根据社交货币的概念，再深入推导一下，我们就可以得出社交本币（指不同平台因传播方式和内容等的差别，而各自拥有的有差别的社交货币）的概念，这个概念并非严格的货币银行学概念，它是为区分不同平台畅销内容的特质，而提出的一个"方便法门"。

不可否认，娱乐新闻、都市传说、养生秘诀等，这些社交平台上可以展现的谈资都可以成为人际沟通的润滑剂，它们已经成为一种人际沟通的"货币"，在人际关系网中流通。那么，怎样才能将"产品谈资"制造成属于自己的社交本币，继而在朋友圈广泛流通呢？

以下以朋友圈为例，总结提升朋友圈的社交本币流通性的三大要诀。

1. 塑造产品的独特性

网络时代，用户的消费行为变得更有选择性，市场需求日渐个性化、多样化，人们对产品的要求越来越高，对产品的独特性也越来越重视。因此，给人们留下深刻记忆的经典作品，大都具有鲜明的性格特征。

如果你发布的产品和内容，是有趣的、新颖的，超过用户期待，自然会引起广泛关注，也极易被转发和分享。

2. 提供方便转发的载体

我们可以经常在朋友圈看到别人转发一些应用小链接，譬如性格测试、问卷调查、优惠券领取等，这些小链接看起来简单，实际凝结了商家的智慧。

支付宝就是抓住了人们的心理，在年底给用户生成了一个年度账单，如图1-1所示，成功引起了朋友圈的霸屏疯传，成为一个爆款营销案例。如果你已经对朋友圈交际的心理特征了如指掌，就只需花心思，给人们提供一个方便转发的载体，那么接下来，就是社交本币的增值体现了。

图 1-1　支付宝年度账单

3. 打造产品的稀缺性和专属性

众所周知，供求关系决定了产品的市场价值，越是稀缺的产品，价格就越是水涨船高。可如果同类产品已经供大于求，人为打造产品的稀缺性，便是一种惯用的营销手段。而这里所指专属性，是指产品只能被某一类特殊身份的人享有，大多数人获得此类具有专属性的产品时，都会激发炫耀心理，从而在朋友圈大肆宣扬一番。

很多电商平台会抓住用户喜欢优惠商品的心理，进行限时限量的打折售卖活动，譬如淘宝的秒杀、唯品会的特卖、美团的团购等，都是运用了稀缺性这一原理。而小米手机更是运用饥饿营销（指商品提供者采取的有意调低产量，以期调控供求关系、制造供不应求"假象"、维护产品形象并维持商品较高售价和利润率的营销策略）采取"限量供应"和"特殊码购买"这类营销手段，打造出产品的稀缺性和专属性，促成了火爆的销售量。

毫无疑问，社交货币理论是内容营销的精髓。传统的营销思路，是与媒体建立良好关系，做好媒体硬广（指我们在报纸、杂志、电视广播这四大传统媒体上看到和听到的那些宣传产品的纯广告，也称硬广告）或软文（指企业通过策划在报纸、杂志或网络等宣传载体上刊登的可以提升企业品牌形象和知名度，或可以促进企业销售的一切宣传性、阐述性文章，包括特定的新闻报道、深度文章、付费短文广告、案例分析等）的发布。现在，游戏规则已经改变，如果你能做出足够好的内容，铸造出符合不同平台的社交本币，媒体会自动找上门来，义务性地帮你传播。

八卦是一种"软通货"

"八卦"这一道家术语，目前已经成了传播各种小道消息的代名词，生活中的八卦无处不在，而网络上，八卦更是无时不有。有调查显示，人们会将65%的日常时间都用在谈论八卦和关注八卦上，即使是一个不善言辞的人，每天也总能找出几个感兴趣的八卦话题。天涯社区的娱乐八卦板块的点击量多年来一直居高不下，成了互联网最热门的娱乐论坛之一，这充分体现了大众热衷于八卦的现象。

稀缺的资讯和稀缺的物品一样，不是就资源和物品的绝对数量而言，而是就有限的资源和物品相对于人类的欲望而言。人与人之间的默契与结盟，很多是依靠交换稀缺资讯来实现的。心理学家弗兰克·麦克安德鲁认为，热衷于小道消息，是人类的本能，是人类演化的产物，而非流行文化的产物。而小道消息是维系内群体交流和稳定的工具，能够促进群体的稳定和繁荣。

新媒体时代，微博早已成为小道消息的"狂欢广场"，娱乐八卦是微博用户非常关注的热点，只要有"冲突性"的剧情上演，观众都会毫不吝啬地贡献情绪。每逢出现新的热搜事件（指网站从搜索引擎带来最多流量的几个或者是几十个热门事件，通常反映一段时间内的各界大事与流行话题）各类品牌的营销策划者也会伺机而动，找准切入点借势营销一番。

2018 年，支付宝在微博上发布了"锦鲤"活动，在所有参与转发的人中抽取一名幸运用户，此人可以得到支付宝和其他数家企业提供的共计 30 万元的出境游奖品。此微博发布后，6 小时内就获得近百万次转发量，网络上掀起了一股关于"锦鲤"的八卦热潮。而支付宝打造这次营销活动的目的，是为了推广自己的境外支付业务。从影响力来看，支付宝的这次活动达到了预期效果。与此同时，网络上也掀起了一股转发"锦鲤"的潮流，很多企业借用"锦鲤"的噱头进行宣传，通过软文、广告、社交媒体等多种途径，借势营销。很多媒体还对此类八卦事件进行话题分解，并从各种专业视角进行解读，促进了话题传播的多元化，使之始于八卦而不止于八卦。

回顾往年的品牌营销策略，我们发现，许多品牌开始关注各类八卦谈资，越来越多的企业开始利用八卦进行借势营销。由于借势营销的短平快、易操作、低成本等特点，可以让品牌在短期内达到一定的曝光度，因此成为企业惯用的营销手段。

八卦的特点是传播速度很快，且具有一定的准确性。在当下互联网的大环境下，品牌利用八卦借势营销时需注意以下几点，如果反其道而行之，不仅达不到营销的目的，反而会得不偿失。

1. 迅速做出反应

在热门事件或者小道消息出来之后，企业要迅速找出事件与品牌之间关联的契合点，及时写出关联文案，让粉丝阅览后第一时间转发并互动，这样既能产生流量，又能起到品牌营销的效果。像微博的热搜事件从发生到结束，时间一般只有一两天，甚至短到可以按小时来计算，如果品牌消息滞后，且反应太慢，就会错过借势营销的黄金时间。

2. 找到品牌与事件关联的合理性

不是所有的八卦都适合用来做营销，品牌在选择借势对象时，需要注意自身定位和受众，不能盲目跟风。另外，品牌在做话题营销时，应该避免负面的新闻事件，尽量选择带有正能量的热点，否则会对品牌的形象造成负面影响。

3. 增强话题的延续性

受互联网传播速度快的影响，八卦事件一般具有明显的时效性，经常这个事件刚冒头，很快就被下一个新事件所替代，因此，品牌在借势营销时，首先得考虑好话题的延续性。在发布营销文案的基础上，如果能设置一些奖励、游戏等有趣的互动环节，会让传播的效果翻倍。

4. 策划多样化的内容，扩大传播渠道

软件技术的迅速发展，为互联网信息传播提供了便捷的载体，大众获取信息的渠道变得多样化，同样也影响了新闻行业——微博、微信客

户端成了新媒体传播的新选择。比如,热点事情一般会最先从微博引爆,很多品牌也将微博视为借势营销的首选阵地。但如果只局限于微博的营销,而忽略了其他平台的传播,就很容易被热点的时效性打败。所以,企业可以根据品牌与热点的关联性,策划多样化的营销内容,并且在多个渠道传播,以此增强品牌传播的延续性。

5. 合理撰写文案,切勿夸大其词

在借势营销的过程中,很多品牌为了夺人眼球而写出浮夸的文案,或者写出的文案与事件并无合理交集,虽然获得一些点击率,却引来大量吐槽。借势营销也要谨慎为之,不能一味地为了达到被传播的效果,不顾品牌形象、丢掉口碑。

打造霸屏营销的关键,是在合适的时机,将合适的内容通过合适的渠道进行借势营销。八卦作为一种"软通货"(原意指币值不稳、汇价呈疲软状态的货币,本书中特指受外部影响较大的具有社交货币属性的信息),虽然其币值不稳定,且具有一定传播风险,但如果在营销手段中运用得当,就能获得"硬通货"("硬通货"是"软通货"的对称,本书中特指社交货币价值较高的信息)的流通价值。

强关系与弱关系

由于QQ、微信等社交软件的出现，让人们在网络上的社交活动变得更高频，因而产生了明显的经济效应。无论是微商还是自媒体内容创业，都在想办法占领用户心智，从而达到销售目的，这也是社交货币增值的一种体现。

移动互联网最大的特征是碎片化，社群是把这些碎片化流量聚集起来的一个"载体"，其最大优势是能够提高用户的黏性，实现用户的重复购买，并且能集中用户的能量为品牌营销造势。所以，社群营销成为近几年发展较迅猛的一种营销模式，也成了品牌和粉丝间不可或缺的营销手段。

谈到社群，我们不得不提起强关系和弱关系这两个社会学概念，这个概念是由美国社会学家马克·格兰诺维特提出来的，他认为人际关系的强弱决定了能够获得信息的性质，以及个人达到其行动目的的可能性。

1. 强关系

强关系，指人与人之间关系紧密，有很强的情感维系，社会网络同质性较强，通俗来讲，强关系就是日常生活中与我们比较亲近的那一类关系，如家人、亲戚、朋友、同学、玩伴等。

2. 弱关系

弱关系，指人与人之间的联系相对疏远，没有太多的情感维系，个人的社会网络异质性比较强，交往对象可能来自不同地方、不同行业，掌握的信息也不同，如学校的老师、公司的领导、朋友的朋友、网友等泛泛之交。

而社群就是将一群具有相同兴趣、爱好、需求的人汇聚在一个空间里，形成一个强关系与弱关系相互交融的群体，是商家连接用户的最短途径和最经济的方式。目前，互联网的社群形式有：今日头条、微博、微信群、公众号、直播、贴吧等。做社群营销一般是从弱关系开始，大家聚集起来，在信息上互通有无，待逐渐加强沟通与交流之后，就会转变成一种强关系，从而进一步产生资源的交换。

酣客公社于2014年2月22日创立，是一个白酒粉丝社群。酣客公社摒弃了传统商业模式，提出"FFC模式"，如图1-2所示，从厂家直接将产品传输到粉丝手中，没有任何渠道商、经销商、代理商，粉丝得到价格实惠后，再由粉丝进行口碑传播（指一个具有感知信息的非商业传者和接收者关于一个产品、品牌、组织和服务的非正式的人际传播），去影响其他用户。最后，所有用户都成了粉丝，所有粉丝都在社群内购买酣客白酒，而酣客白酒的销售只凭借粉丝的口口相传，就缔造了3个月销售2亿元人民币的传奇业绩。

Factory（工厂）

Factory 的产品信息通过 Fans 传递给 Customer，Customer 通过 Fans 了解产品信息。

Fans（粉丝）

Fans 就是 Customer 当中的极客，Fans 将消费体验和客户愿望传递给 Factory，Factory 根据 Fans 的反馈改进产品，以创造极致体验。

这就是互联网的意义——商权再造。让商权重新回归到消费者手里，而不是掌握在渠道和商家手里。

？

FFC 模式

Factory 能以最快的速度根据 Fans 的需求来改进产品。实现 Customer 通过 Fans 向 Factory 反向定制。

传统模式中，产品会通过代理商、经销商、渠道商，再到终端店，每个环节都要加价，一个成本为 100 元的产品，零售价可能变成 1000 元，甚至 2000 元。

Customer（顾客）

FFC 模式

没有代理商、经销商、渠道商、终端店，工厂能够把产品直接销售给顾客。工厂能够以最快的速度根据粉丝的需求来改进产品，实现 Customer 通过 Fans 向 Factory 反向定制。

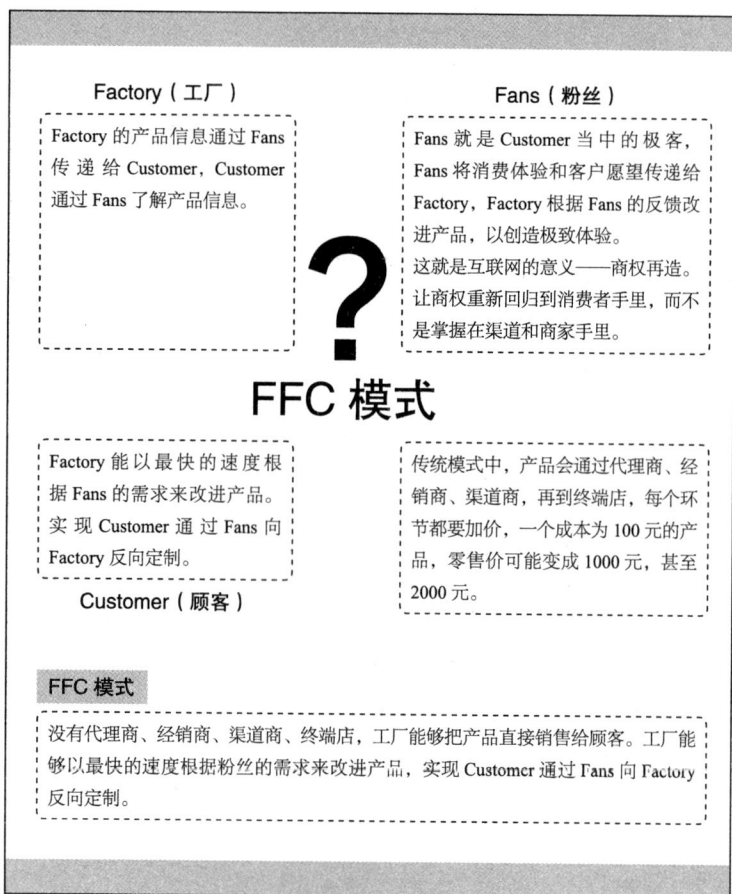

图 1-2 酣客公社的 FFC 模式

在社群营销的行业趋势下，酣客公社的白酒社群在业界迅速提升了知名度，酣客公社汇集了来自中年企业家群体的白酒极客，以酒文化和粉丝经济（泛指架构在粉丝和被关注者关系之上的经营性创收行为，是一种通过提升用户黏性并以口碑营销形式获取经济利益与社会效益的商业运作模式）为研讨主题，在全国各地举办酣客活动。目前，酣客公社已成为国内首屈一指的中年粉丝群体和中年企业家粉丝群体。

在酣客公社的运营过程中，其创始人王为已经成为酣客公社的一个文化符号，酣客公社的成功，正是运用了社群的粉丝效应（指企业使用明星等作为品牌宣传，通过粉丝购买和消费产品，为企业带来收益和影响的一种模式）下的营销裂变。这种社群营销裂变，能在微信这种强关系的社交平台上迅速引起霸屏的效果，从而达到低成本拉新和推广活动的目标。

互联网时代，有句话叫"万物皆引流"，做社群需要引流（指利用拓客方式和渠道方式，将其他渠道的流量或者平台的用户引到自己的平台上），更需要花费时间和精力去维护和运营。在运营时充分利用情感进行营销，在弱关系中筛选出可以形成强关系的人，再将这些人组成一个核心的社群，若这个核心社群运营得当，便能将所有人的资源和能量成功整合在一起，形成一个巨大的商业共同体。

当然，在做社群营销的过程中，大量弱关系的叠加也不一定能连接成强关系，不产生强关系，就不会有持续化的产出。因此，做社群最重要的一点，就是像酣客公社那样打造出一个"领袖级"的人物，当这个"领袖级"的人物成为一个文化符号，可以为品牌代言时，他就能在社群内引起强大的粉丝效应，从而快速实现社群营销裂变，使推广的品牌达到口碑营销的最佳效果。

不得不探究的爆款文章的背后

　　如今，无论是在主流社交媒体还是自媒体中，都会有一部分爆款文章（指在网络上阅读量和转发量相当大，引起读者广泛热议的文章）的热度长期居高不下，引得无数网友争相点赞、吐槽、评论、转发，形成霸屏的现象。

　　这些爆款文章所具备的社交货币价值和营销价值通常超越了文章本身的价值。这中间的价值差异来自文章背后的隐藏价值——情感导向。

　　不管是探讨时政的文章、交流八卦的文章，还是一些胡侃段子，只要包含了某种个人观点，都会或明确或隐晦地树立某种相应的情感导向。但文章作者往往不会直接抒发情感，而是将其隐藏在文章内容中，间接地传达给读者。

　　一篇文章所蕴含的情感因素能够真正引起读者的共鸣，对读者产生潜移默化的影响。日本作家德富芦花说过，人类在出生时，就是带着感情来的。要影响一个人，最有效的方法就是用情感打动他。所以，情感导向可以说是爆款文章背后的"隐形的发动机"。

2008年，美国总统大选，美国前总统奥巴马最终赢得了选举胜利。奥巴马参加大选所使用的竞选海报是由艺术家谢波德·费尔雷设计的，海报的主体是奥巴马以坚定的眼神看向远方的照片，海报下方是大号字体的英文单词"希望"，如图1-3所示。

图1-3　奥巴马的竞选海报

这张简洁的海报，表现的是奥巴马对未来积极向上的态度，这种态度会给选民们一种未来可期的情感导向。这种情感导向会让选民们愿意相信奥巴马并把选票投给他，这就是情感导向的巨大作用。

所以，企业想打造爆款文章，就必须利用好文章背后的情感导向。

1. 因地制宜

不同社交媒体需要不同类型的爆款文章。微信是一个以强关系为主的社交圈，圈子里的人之间或多或少都被人情牵扯着，过于沉重和争议性过强的话题都不适合在这个平台上展开。而微博是一个以弱关系为主的圈子，沉重或有争议的话题很适合吸引大家来探讨，是打造微博热门话题的好素材。

不同的社交媒体需要不同风格的爆款文章，而决定文章风格的重要因素就是文章背后的情感导向。即使是相同的话题和内容，表达的情感不同，文章的风格也会大相径庭。所以，利用情感导向打造爆款文章时，必须遵循因地制宜的原则，要在不同的社交媒体中展现恰当的情感导向。

2. 因势利导

无论是主流社交媒体还是自媒体，文章的创作都是在时代潮流和社会背景的影响下进行的。大多数产生霸屏现象的爆款文章都是体现主流思想的。

曾有乘客不肯按照火车票对号入座，强行占据其他乘客的座位。列车长和乘警劝说无果，该乘客依旧我行我素。此事件的视频被传到网上后，引发了大量网友的讨论。一时间，许多谴责高铁抢座现象和反思高铁公共秩序建设不足的文章在众多社交媒体上霸屏。

大多数关于社会不良现象的爆款文章，表现的情感均是"谴责"或"反思"。这些文章的作者在创作此类文章时，一是顺应事件发展的方向；二是将自己置于了"道德高地"。顺应事件发展的方向，可以保持文章的话题热度持续升高；将自己置于"道德高地"，能更好地引导人们后续探讨和辩论的方向。

社交货币和社交酬赏

酬赏是指个体在人际关系中所获得的任何有价值的东西。而社交酬赏是尼尔·埃亚尔在《上瘾：让用户养成使用习惯的四大产品逻辑》中提出的一个概念：人们从产品中通过与他人的互动而获取的人际奖励，即社交酬赏。

社交酬赏广泛存在于各大直播平台、网络秀场等社交媒体的打赏模式里。在这些平台上，用户通过各种不同的形式，如游戏直播、表演、聊天等与观众进行互动，获得观众的认可，从而得到真实的货币或社交货币的酬赏。

在国内，打赏模式最早出现在一些网络文学网站上。读者在网站上阅读写手们创作的作品，对一些感觉不错的作品可以打赏，打赏的金额全凭读者的喜好和意愿。然后，网站平台和写手按既定的比例分享这笔赏金。

如今，除了网络文学网站，很多直播平台、小视频软件，甚至是微博、微信这些主流社交媒体也都采用了打赏模式。打赏模式已经逐渐成为一种新的商业模式。

这种新的商业模式归根结底就是粉丝经济，通过吸纳粉丝来获取收益，或者提高影响力。在霸屏营销中，品牌的曝光率越高、推广范围越大，品牌得到的好处就越多；而打赏模式中，吸纳的粉丝越多、造成的影响越大，获得的收益也就越多。两者殊途同归，从某种程度上来说，打赏模式是一种另类的霸屏营销模式。在这种新的商业模式中，如何吸引和留住粉丝是关键点。要做到这一点，充分发挥社交货币和社交酬赏的作用必不可少。

1. 社交货币的原始积累

我们知道，社交货币，或者简单地称之为谈资，是吸引粉丝的基本资源。

斗鱼直播平台的主播"芜湖大司马"，在平台上有超过1500万的粉丝，为当前游戏直播圈子中排名靠前的主播之一。其直播内容主要以游戏教学为主，其直播风格诙谐幽默，教学内容往往深入浅出、一针见血，颇受粉丝们推崇。

"芜湖大司马"在直播过程中非常善于制造有趣的话题来吸引粉丝们的注意。如有趣的谐音口头禅，不标准的普通话，甚至吃饭用的大号搪瓷水杯等，都让粉丝们津津乐道。加上其曾为职业游戏选手、职业教练的身份，芜湖大司马身上积累了很多谈资。所以，在其2016年加盟斗鱼直播平台之后，两年的时间里就迅速积累了1500多万的粉丝。

明星之所以是明星，是因为他们的一举一动都会被当作谈资被众人口口相传。当这些谈资被人发现并释放出吸引力时，这些被吸引的人就成了所谓的粉丝。但是，众口难调，相同的谈资对于一部分人来说是引力，相对于另外一部分人来说可能就是斥力。因此，明星想吸引更多粉丝，就需要发掘多种多样的谈资，也就是进行社交货币的原始积累。

2. 社交酬赏的互惠原则

在粉丝经济中，坚持社交酬赏的互惠原则，加强与粉丝之间的互动和联系是维系粉丝数量、留住粉丝的重要方法。

社交酬赏是通过互动获得的人际奖励，而互动必须有两方或两方以上才能形成。在互动的过程中，奖励的方向不能是单向的，否则提供酬赏的一方的积极性会受到影响，使得社交酬赏这一动作无法延续下去。

在网络直播平台上，粉丝在观看直播并有所收获时，部分粉丝会打赏主播。很多主播在直播的过程中也会感谢给自己打赏的粉丝，回答粉丝的问题和留言，这就是获取社交酬赏的一方向提供酬赏的一方进行反馈。这种反馈与获得的酬赏在价值上是无法匹配的，但是却可以在双方之间形成良性循环，构筑一个不容易断裂的纽带。这便是社交酬赏的互惠原则。

反馈的方法多种多样，比如，建立粉丝群、微博互动、直播抽奖等。虽然表现形式不同，但核心都是为了加深与粉丝联系的深度，从而留住粉丝。

军规7

知乎的未来形态

知乎是一家社会化问答网站，创立于2011年，网站运营模式借鉴了美国的Quora网站。在知乎这个平台上，来自不同专业、不同行业的用户通过问答和讨论等形式互相分享知识、经验和想法。与其说知乎是一家社会化问答网站，不如把它定义为一个大型的社区论坛。截至2018年，知乎已经拥有了自己旗下的手机应用客户端、在线课程、电子书、知乎大学等衍生产品。

相比知识的深度、问答的准确度，知乎更注重思维的发散性。面对同样的问题，专业的人会给出专业精准的回答，也有人会从其他角度切入，给出不一样的回答，甚至还有人只发表个人看法。各种各样的答案会引发各种各样的讨论，传播给不同的人群以吸引更多用户加入。知乎就是用这种方式积累了过亿的用户。

但是，随着用户数量的增多，知乎早期的小众论坛的定位已经无法满足日益增长的用户的需求。知乎的创始人周源也不止一次提到，知乎需要从服务一部分人的社区论坛迈向普惠内容平台，这也是与知乎类似的社会化问答网站的共同出路。

在从社区论坛向普惠内容平台转变的过程中，知乎仍然面临很多问题：第一是由于开放程度的提高导致答案专业性下降；第二是对于答案提供者的激励不足而导致提供者积极性下降。知乎想达到更好的未来形态，这些问题都亟待解决。

1. 建立更加完善的答案评价制度，严格区分专业回答与非专业回答

知乎在创建之初就强调创作者的专业性和网站的调性。在没有开放注册、用户较少的时期，相比其他问答网站，知乎可以提供更准确、更专业的答案，这也是其制胜的法宝。但在其开放注册、用户数量激增之后，这种专业化的模式受到了冲击。

和其他问答网站的答案评价机制一样，知乎是根据得到"赞成"和"反对"的数量对答案进行排名。当问题参与者都是对答案有刚性需求的人时，这种机制会充分发挥作用，但是在用户基数巨大的当下，某个问题的参与者除了有需要专业答案的人，还有很大一部分是对这个问题感兴趣或没有明确目的的用户。在这种情况下，一些幽默风趣、博人眼球的答案往往会得到更多的"赞成"，专业答案的排名也就相应降低了。

如何解决这个问题？最根本的方法是建立更加完善的审核制度。在原有答案评价机制的基础上，再添加一项判断答案专业性的机制。新的机制既可以由计算机算法完成，也可以由人工审核，其目的就是在答案进入评价机制之前，将答案分成"专业"和"非专业"两类，然后

再进入评价机制，最后分开展示排名。在这两种机制地配合下，不同需求的用户可以各取所需。

2. 加入更多游戏化因素，改革激励制度

在知乎平台上，创作者提供答案的原动力基本源于自身。比如，当人们遇到与自身专业有关的问题，出于对自己专业的责任感，往往觉得有必要为别人提供答案；人们也会为追求其答案得到认同后的自豪感而回答问题。但是，单凭创作者自身因素的驱动，难免会"动力"不足，平台需要为创作者提供额外的"动力源"。

百度知道，依托于百度搜索引擎而生的互动式知识问答平台。在知乎出现之前，百度知道一直是国内使用人数最多、覆盖范围最大的知识问答平台。即使在知乎已经占领大部分市场的当下，百度知道依然拥有庞大的用户群体。除了有国内最大的搜索引擎——百度，能够引流的原因，百度知道的运作模式也是其依旧活跃的原因。

不同于知乎的免费问答模式，百度知道设置了积分悬赏模式，同时，平台会根据答案提供者的积分情况划分等级。就像玩游戏一样，解决问题就能通过关卡，获取的积分就是通关奖励，这种类似游戏的风格能够提高用户参与答疑的积极性。

与百度知道相比，知乎平台基本不存在游戏化元素。引入游戏化因素，可以提升问答的趣味性，也可以提高答题者的积极性；答题者除了可以获得自豪感，还可以获得社交货币的酬赏。

除了社交货币的酬赏，针对一些专业性较强、难度较大的问题，知乎还可以给予专业优质答题者适当的物质酬赏。因为在商业化社会中，物质酬赏的作用是社交酬赏无法替代的。

军规8

创业传奇，传播知名度的载体

Airbnb（中文名：爱彼迎）是一家帮助旅游人士和出租房房主建立联系的服务型网站，它可以为用户提供多样的住宿信息。Airbnb创建于2008年，经过9年的发展，终于在2017年获得首次盈利，这一年，Airbnb的收入为27亿美元，利润为9300万美元。经过2017年3月最新的一轮融资后，Airbnb的估值已超过310亿美元，它的IPO（首次公开募股）也已经在2018年正式启动。

随着Airbnb估值的飙升，让它的创始人布莱恩·切斯基、乔·杰比亚和内森·布莱卡斯亚克在三十岁刚出头的时候就成了富豪。虽然在事业上获得了巨大的成功，但三个人不曾忘记创业初期的种种艰辛。

Airbnb的三位创始人的创业故事一直在网上广为流传，其中有两个经典桥断，第一个就是Airbnb因"麦片"而获得第一笔3万美元收益的故事；第二个就是在融资时遇到的关于"五封拒绝信"的故事。

2008年，切斯基和杰比亚花光了所有积蓄，还背上了负债，但Airbnb还是没有流量。

为生活所迫，切斯基和杰比亚不得不自力更生，为了维持生计，也为了让公司运转下去，他们想出了售卖总统选举主题的早餐麦片这个主意。

设计师出身的两个人发挥专长，重新设计了麦片的包装，分别为"奥巴马"口味和当时的共和党竞选人"麦凯恩"口味，编上号后放到线下的展会去销售，每盒售价40美元。最后他们竟然卖了3万美元，这也是Airbnb早期最重要的一笔资金来源。而那些没卖完的麦片，成了他们接下来几个月的口粮。这也是他们把"成为一个麦片企业家"作为口号的原因。

Airbnb成功之后，切斯基曾在博客上公布了他当初在找投资人时收到的五封拒绝信。他说："拒绝我们的投资人都是一帮聪明的人，我觉得他们之所以拒绝，是因为我们那时看起来太平庸，没有给他们留下深刻的印象。"

这五封信被公布后，在网上引起了热烈的讨论，Airbnb的知名度再一次扩大。

不过，投资界最悔恨的人并不是拒绝他们的5个投资人，而是最有希望成为Airbnb天使轮投资人的佩奇·克雷。克雷曾撰文回忆他如何在2008年错失了良机。

克雷是最早接触Airbnb创业团队的投资人之一，甚至还有机会成为其天使轮的唯一投资人。2007年早期，他曾构思过一个叫作"最大的虚拟酒店"的项目，后来他辗转找到了Airbnb创业团队的联系方式，经过六个星期反反复复的谈判，他最终决定向Airbnb投资25万美元。这时候，其他几位投资者相继退出了谈判，克雷成为唯一一个种子轮的参与者。在9月末的一天，双方一致同意了投资条款，约定在第二天正式完成投资。但在第二天，克雷并未收到Airbnb的回复，于是便发短信询问他们怎么回事。Airbnb回复说，Y Combinator希望在这一轮参与投资，而且条件是只有其能参与这轮融资。最终，克雷与这次良机失之交臂。

从那之后，克雷便把一句话贴在了办公室的墙上，用以每天提醒自己，这句话就是：把焦点放在创始人身上，别太过分在意冰冷的数据。

这些情节跌宕起伏的创业传奇，本身就是一种社交货币，是人们口中津津乐道的谈资。虽然不能说这是Airbnb成功的主要原因，但在一定程度上也为Airbnb的发展赢得了不少知名度。这其实也是一种营销手段，一种让自己的品牌和企业达到霸屏效果的方法。

其实这种利用创业传奇故事为企业和品牌打开知名度的营销方式在创业圈中十分流行。人们对白手起家的商业传奇故事本身就十分好奇，如果创业的过程能够丰富多彩、一波三折的话，就会吸引更多人的眼球；另一方面，人是有共情性的，如果这些商业传奇故事能够吸引别人的同情或是在某方面使人产生共鸣，那么就很难让人不对这个品牌或这家企业产生好感。

具备了这些条件，一个品牌或一个企业就有可能在很长时间内获得霸屏的机会，而且这种情况下产生的霸屏现象不会让他人产生反感，反而会让他人对企业产生越来越多的好奇心，而这必然会提升企业和品牌的知名度。

军规9

搜寻客群，发现利基

在一个行业内，市场的"盘子"越大，竞争就越残酷。从形而上的角度讲，每一个企业都要有自己的利基，没有一个企业能够同时具备"发展迅速、规模巨大、始终赢利"这三个优势。所谓利基，就是指针对企业的优势，进行市场细分，在细分中找到未能提供令人满意的小市场，产品推进这个小市场，便拥有盈利的基础。企业在确定利基市场后，往往可以用更加专业化的经营模式来获取更大程度的收益，并以此为手段在强大的市场夹缝中寻求自己的出路。

俄国生态学家格乌司曾经做过一个实验，他将一种叫作双小核草履虫和一种叫大草履虫的生物，分别放在两个相同浓度的细菌培养基中。几天后，这两种生物的种群数量都呈现出S形增长。然后，他又把它们放入同一环境中培养，并控制定量的食物。16天后，双小核草履虫仍然自由自在地活着，而大草履虫却已消逝得无影无踪。经过观察，格乌司并未发现两种虫子有互相攻击的现象，两种虫子也未分泌有害物质。那么，大草履虫为什么消失不见了呢？原来是因为双小核草履虫在与大草履虫争抢同一食物时增长比较快，大草履虫因此被淘汰出局。

接着，格乌司又做了一个试验，他把大草履虫与另一种袋状草履虫放在同一培养基中，结果两者都活了下来。原因是这两种虫子虽然吃同一食物，但袋状草履虫吃的是不被大草履虫看好的那一部分食物。人们根据格乌司的这种发现提出了一个专业概念：生态龛位。

生态龛位的概念很好理解，比如，同样都是食肉动物，老虎吃肉，狐狸捡漏，秃鹫专吃腐肉。因为生态龛位不同，所以大家都能存活。这种情况在自然界中十分常见。

Niche，在营销学中被译为利基，指的就是这种生态龛位。从生态角度讲，自然界不可能出现"体型大、会飞行、又特别能繁殖"的这种具有多种生存龛位的动物，否则生态系统必然会出现问题。把这个道理应用于营销活动中，就是要求企业学会取舍，甚至要学会如何在夹缝中求生存。这时候，企业要做的就是搜寻自己的客群（指客户群体），寻找自己的利基。也就是说，你要找准你的最佳客群在哪里，你要和谁做生意，这也是你首先要考虑清楚的一件事。

做了客群的取舍，你的思路就会更清晰，创造全新的用户价值就变得很容易了。在客群的基础上，你可以做社群。社群种类多样，我们在这里主要谈两种。

1. 人脉型社群

人脉型社群的特点是以人为核心，群内可以实现资源对接，这也是人脉型社群的独特魅力。具体来说，可以从以下几个方面去寻找和建立自己的人脉型社群。

（1）充分利用网络资源

互联网时代，不管你做什么产品，都能在网络上找到你想要的用户资源。所以，你可以通过大型门户网站、分类信息网站等，搜集到用户的联系方式，加以整理，便完成了原始用户的积累。

（2）学会资源互换

互换可以使资源的利用率最大化，这是商业社会的一条法则。因此，你可以通过一些渠道去找某些行业内的人进行资源互换，如行业内的微信群、QQ群、论坛、贴吧等，在这些社群内加一些好友，然后与他们互换资源，这样可以提升寻找和建立人脉型社群的效率。

（3）请教行业内的前辈

俗话说："师父领进门，修行靠个人"，然而在商业社会，不仅要会"修行"，更要学会向师父讨教。毕竟师父是过来人，有许多成功经验，在他们的指引下，你能更快、更准确地掌握挖掘用户的方法。

（4）参加行业会议

"活到老，学到老"，参加行业内举办的会议对个人发展十分有利。在这些会议上，你不仅可以学习到前瞻的行业知识，了解行业内的发展情况，更重要的是你可以轻松地找到精准用户，这时候，你需要做的就是收集他们的名片并进行整理，然后一一通话，这种方式的成功率通常会很高。

（5）从竞争对手那里获取信息

正所谓"兵不厌诈"，创业初期，当你对用户群体毫无概念的时候，你可以假扮用户，给你的竞争对手打电话，或许可以从中套取一些有关用户群体的消息。

2. 产品型社群

针对销售人员和培训人员，产品型社群可以便捷地完成产品的售前信息发布、售中答疑、售后服务，以及危机公关等环节。组建产品型社群一般需要注意以下几个问题。

（1）确定社群提供的价值

在开始组建社群之前，你必须考虑清楚，自己准备组建的这个社群能给用户带来哪些价值？他们加入后，能得到哪些好处？能够回答出这些问题，才能让社群更有黏性。

（2）确立社群的主题

社群建立后，你要结合产品和营销目的，确定好社群的核心主题。这个主题能够给大家带来互动的话题，同时也容易引导大家交流，或者有一定深入讨论的空间。

（3）保护产品的质量或效果

在营销领域，产品是1，其他是0。也就是说，如果你的产品质量不过硬，一切努力都是零。因此，你必须先花精力把产品打造好，至少不能存在明显的质量问题，这也是做产品型社群的基础。

（4）保证产品的复购性

回头客群体是企业最重要的利基之一，要想拥有回头客就必须让产品具有良好的复购性，或是容易促进其他衍生产品的购买和使用。

"剁手党"的狩猎本能

所谓"剁手党"，专指沉溺于网络购物的人群。"剁手党"每天最大的乐趣就是游荡于各大购物网站，兴致勃勃地搜索、比价、秒拍、购物。周而复始，乐此不疲。表面上看，"剁手党"在货比三家、精打细算，但实际上，他们买回了许多没有实用价值的物品，造成时间、金钱的大量浪费。

在心理学上，"剁手党"的这一表现可称为强迫性购物（Compulsive Buying）。这类人群失去了对购物行为的控制。强迫性购物者一方面拼命地想购物，另一方面又为自己冲动的购物行为感到后悔和失望，从而产生更强烈的继续购物欲望。一般情况下，他们在购物前会感到紧张或压力，购物时这种感觉会得到瞬间发泄，他们的心情会变得舒畅、轻松和愉悦，但事后，他们又会感到苦恼和后悔。

据考证，最早的"剁手党"应为金庸名著《射雕英雄传》中的北丐洪七公。洪七公嫉恶如仇，视武学如生命，可一旦遇到美食，他就连命也不要了。洪七公被称为"九指神丐"，之所以断了一根手指，正是因为贪吃。

相传，丐帮素来除恶扬善、为国为民。当年铁掌帮帮主上官剑南能力超群，领导铁掌帮多行侠义之事，因此，铁掌帮与丐帮素来交好，两帮皆有共御金人之意。上官剑南在皇宫盗得《武穆遗书》，后来在铁掌山上，大会群雄，计议北伐。谁料朝廷一味畏惧金人，对铁掌帮一伙义士非但不加奖赏，反而派兵围剿。丐帮素来耳目众多，消息非常灵通，他们发现朝廷派兵要去攻打铁掌帮，便派当时离铁掌峰最近的洪七公火速前去通风报信，以免铁掌帮被朝廷一网打尽。但是，洪七公在去报信的路上偶遇一户人家，闻到院中传来香气，便忍不住前去偷吃。结果耽误了报信的时间。铁掌帮毕竟人少势弱，山寨终被攻破。上官剑南身受重伤，死在了铁掌峰上。洪七公一怒之下断指警示自己。

研究发现，强迫性购物似乎并不是一个单纯的行为，在这背后有诸多深层次的原因。但我们在这里并无意阐述"剁手党"背后的诸多心理问题，我们在这里只探讨与营销相关的问题。

为什么人们会用"剁手"来形容强迫性购物行为？据研究发现，人们追逐资源和信息的执着程度不亚于追逐猎物的狩猎者。当我们进入信息社会，大脑所受的激励，与远古狩猎时代所受的"酬赏"原理类似。最新的脑成像技术表明，对于许多人来说，如果能以比较实惠的价格购买到一件垂涎已久的商品，他们在精神上就会出现一种陶醉感，这和中了彩票时的感觉一样。

"剁手党"的近乎本能的购买行为，需要两个条件才能够达成。第一是商品必须具有优惠的价格，第二是商品必须能引起他们的购买欲望。

第一个条件其实很容易达成，在生活中也常见各种促销方式，无论是现在网购中流行的购物节活动，还是商场的打折活动，都在利用优惠的价格去吸引更多的用户。但是优惠的价格只是宣传噱头，是促进"剁手党"完成购买行为的最后助力。相比来说，如何让他们在购买行为之前形成购买欲望才是难点和重点。

要让用户产生购买的欲望，其实质是要让用户觉得商品有用。可是，用户的需求往往不断变化，我们虽然不能预判用户需求的商品类型，但我们可以提高商品在用户眼前出现的频率和概率，加深用户对商品的印象，当用户有需求时，会首先想到我们的商品。

这就是霸屏营销能够发挥的作用，善于利用霸屏营销的企业或品牌能够覆盖尽可能多的商品关键词，无论用户以哪些关键词去搜索，都可以得到同样的结果。此时，再加上优惠的价格，就足以促使用户达成购买行为了。

军规11

黏性，是一种内容陪伴

霸屏营销笼统地来说就是通过宣传获取大量关注，从而提高品牌知名度的营销手段。截至2018年6月，中国网络用户数量突破8.3亿。在这个互联网时代，网络宣传变得越来越重要。

如何在众多同类型信息中突出重围，是企业在网络宣传中最需要重视的问题。

大多数企业在网络宣传时会选择使用夸张的标题和配图来抓住用户的眼球，从而获取更高的点击量。比如，微信平台上常见的一些"标题党"和"图片党"文章。通过包含夸张、惊悚、悬疑等元素的标题，或者极具吸引力的图片来吸引粉丝，从而提高浏览量和转发量。

虽然是否应该使用这些手段还存在很大争议，但是在不违背法律道德、不破坏公共秩序的前提下，"标题党"和"图片党"也不失为博得关注的重要方法。

一般来说，标题和图片可以吸引用户，但这个吸引力通常不具备长久效力。标题和图片只能让用户产生阅读的欲望，标题和图片以下的内容，才是读者获取信息的主体部分。也就是说，单纯依赖标题和图片，并不能真正"黏住"用户。因此，引人入胜的标题和图片只是辅助手段，充实的内容才是获取用户长久关注的根本动力。

那么，怎样创造充实且能够"黏住"用户的内容呢？首先，不能平铺直叙地介绍企业或品牌；其次，不要使用没有实质内容的宣传口号；最后，杜绝杂乱无章的信息堆砌。真正优质的内容，必须具备以下三种特质。

1. 内容必须具备真正的价值

衡量内容是否是优质的内容，主要标准就是用户的感受。而用户感受到的好坏，通常与内容中包含的信息是否对自己有价值相关联。归结成一句话就是，只有真正对用户有价值的内容才能吸引他们。

这个价值其实是一个相对的概念，不是某个事物或某种因素，它会随着主体的变化而变化。例如，当用户需要某一件产品的具体信息时，含有这件产品详细说明的内容就是具备真正价值的内容。

《解答之书》又名《答案之书》，是一本号称可以解答人们所有困惑和疑问的书。这本书的每一页都只有一句话或一个单词，都是关于选择或行动的答案。人们提出问题，翻开书的任意一页，便可以得到一些方向性的指示。这本书可以说没有任何实质性的内容，所谓的答案也只是指明一个方向，或者是模棱两可的心灵鸡汤。但这本书却可以风靡全球，其原因是：虽然这本书不具备实用性，但它确实可以对一些有选择困难症和正处在人生迷惘中的用户起到帮助作用。看似没有实质内容，但对这类用户来说，却很有价值。

由此可见，要企业想打造优质的内容，就必须确保内容具备吸引目标用户的真正价值。

2. 内容要具备连续性

"黏住"用户，换句话说就是得到用户的持续关注。要让关注度不断延续，就要在保证核心价值不变的基础上连续更新内容。

2018 年，美国漫威漫画公司出品的电影《复仇者联盟 3》在全球上映，全球票房总计为 20.45 亿美元，是第四部全球票房超过 20 亿美元的电影。在中国，《复仇者联盟 3》累计票房为 23.89 亿元人民币。这是《复仇者联盟》系列的第三部作品，其前两部作品在国内分别获得了 5.68 亿元人民币和 14.64 亿元人民币的票房。

《复仇者联盟》作为一部系列电影，三部作品的世界观和核心价值观没有变化，只是剧情在不断地推进。从三部电影的票房可以看出，随着剧情的更新，关注该系列电影的观众数量是不断增加的。

价值是核心，内容是载体。在保证核心稳定的情况下，持续地对载体进行更新升级，才能保证内容的新鲜感，留住并吸引更多的用户。

3. 充分发挥用户的扩散作用

美国社会心理学家斯坦利·米尔格拉姆在"六度分隔理论"中提到，世界上互相不认识的两个人，至多需要六个中间人就可以结识对方。虽然中间人数量始终存在争议，但是至少说明在一定地域范围内，只需要部分中间人，互不相识的人就可以建立联系。

这个理论同样可以应用到网络宣传中，如果企业能够发动用户转发他们感兴趣的内容，若干轮转发之后，被转发的内容会扩散到更大范围。而企业要做的就是考虑如何提高内容的质量和价值，开发可以促进用户转发的方法，让用户心甘情愿地转发。

军规12

炫耀假设：利用人们的炫耀心理

亚里士多德说过，人类是天生的社会性动物。这一点在现代社会得到了淋漓尽致的体现。在睡眠以外的其他时间，现代人的社交活动几乎从未停止。在互联网社交媒体出现之后，人类的社交属性表现得更加明显。

大部分人会在社交媒体上发表自己的作品，可能是文章、图片、视频，或者是对某一事物的看法和感受等。从整体来看，人们还是倾向于展示自己积极向上的形象。至于人们为何热衷于此，美国心理学家杰弗里·米勒提出的"炫耀假设"，将其归结为不同个体在繁殖活动中自然形成的竞争行为。简单来说，就是通过炫耀自身的强大来吸引异性。

人们会因为炫耀心理在社交媒体发布信息，必然也会因为炫耀心理转发信息。企业在营销活动中，也可以利用人们的炫耀行为使信息被转发。当然，在利用人们的炫耀心理之前，我们必须先了解不同个体的炫耀行为的差异。

1. 性别差异

在大部分动物的繁殖活动中，雄性通常是竞争者，而雌性往往是被竞争的一方。雄性通过炫耀自身的魅力和强大来获取雌性的认可。例如，只有雄性孔雀才有绚丽的尾羽，只有雄性狮子才有浓密、霸气的鬃毛。

这种现象在人类社会中也有所体现，相比女性，男性更愿意展示对异性的感情。尤其是在文化领域，男性更倾向于创作和演示，他们通常没有特定的目标对象，而是面向整个异性群体。女性对文化创作的热情明显低于男性，历史可以证明这一点——男性艺术家的数量远远多于女性。女性的感情表达往往只针对特定个体或群体。也就是说，男性更愿意向人们展示、炫耀，而女性不太愿意表现自己，或只对特定人群表现。

在营销过程中，信息的发表和转发都可以被看作是用户个人文化创作的行为。在明确了这一点之后，如何根据两性不同的文化炫耀行为的特点，设计具有针对性的内容，就成了促进信息传播的重点。

2. 年龄差异

炫耀行为在不同年龄层次的人群中，也具有较大差异。这种差异在社交媒体上表现得尤为明显。

青年时期，人们在社交媒体上发表的内容数量多且种类繁杂，往往有感而发，没有什么具体的主题。感情因素是青年人群使用社交媒体发表作品的主要影响因素。随着年龄的增长和家庭关系的建立，人们生活的中心会逐渐倾向于抚养和培育后代的事情上。这个时期，人们在社交媒体上发表的信息大多与子孙后代相关，而且数量也会较青年时期有所减少。

从历史的角度来分析，大部分文学家和艺术家的主要作品通常集中创作于青年时期，随着年龄的增长，他们的作品数量会相应下降，风格也会有所改变。

英国著名戏剧家莎士比亚，他的创作生涯可以明确地划分为三个时期：

26岁至39岁之间，是莎士比亚创作的初期和高峰期，共有24部作品诞生于这个时期，作品以明朗、乐观的历史剧和喜剧为主。

37岁至48岁之间，莎士比亚的创作进入中期。这个时期，其新作品数量开始下降，一共只有12部。作品风格也与初期迥然不同，以悲剧作品为主，重在批判丑恶行为和发泄不满情绪。

44岁至48岁之间，是莎士比亚的创作晚期，也是他归隐故乡之后的那段岁月。这个时期，莎士比亚对政府和社会彻底失望，他只能在自己的作品中寻找慰藉，作品开始转变为浪漫主义传奇剧，创作数量也减少到了4部。

文学家的创作会受到时代和时间的影响，在一定程度上也可以说明，人们的文化炫耀行为在不同的年龄段也存在差异。

同理，人们在不同的年龄段使用社交媒体发布的内容会有不同的偏好。企业在营销过程中，面对不同年龄段的人群，需要制作不同的推广信息，以适应不同的需求。

3. 财富差异

财富差异不单单指经济水平方面的差异，也包括不同个体所拥有的一切资源之间所存在的差异，包括经济水平、社会地位、家庭环境等。当然，经济基础决定上层建筑，这些差异的根源最终还是来自经济水平的差异。

不同财富水平的人，炫耀行为的差异比两性之间、不同年龄层次之间的差异还要大。除了那些一夜暴富，不能以普遍原理揣摩的人之外，大多数财富水平较高的人喜欢通过一些与物质生活无关的事物来展示自己的优越性，比如，艺术品、文学作品等。而对于经济条件普通或较差的人群，他们的炫耀行为通常与物质生活相关联，比如，房屋、车辆等。

在营销行为中，需要区分不同财富水平的人所适合的不同内容风格，这样才能使信息的转发和流通变得更加顺畅。

军规13

成瘾假设：让用户上瘾

成瘾，或者称之为上瘾，指的是对某个人或某样事物产生了病态的依赖。成瘾现象存在于很多领域之中。在医药领域，对某种药物的依赖可以称之为成瘾；在现实生活中，对互联网的依赖也可以称之为成瘾；在文化领域，对某个或某种类型作品有特殊的偏好也可以用成瘾来解释。

现实生活中，很多人是追星族，他们崇拜某个明星或某个领域内出类拔萃的人。他们会耗费大量时间和精力去观看偶像的作品、参加偶像的活动、搜集偶像的资料等，并从这些行动中获取愉悦的感受。但是，从根本上讲，他们投入和产出是不成比例的。换言之，这是一种不理智的行为。但是，人们为何依然成为不理智的追星族？美国的实验心理学家史蒂文•平克认为，文艺作品可以激活我们的进化心理机制，从而使我们获得愉悦的感觉。

在营销过程中，宣传推广的信息完全可以被视作一种特殊形式的文艺作品。发布这些作品的目的就是吸引用户转发，形成偏好，最终成瘾。企业要想完成这个目标，问题的关键是如何让这些信息成功地激活人类的进化心理机制。

1. 激活视觉机制

眼睛是心灵的窗口。在采集社会时期，人类就通过视觉寻找成熟的果实以达到生存的目的。

在现代社会中，人们对事物的第一印象会极大地影响其对这件事物的最终评价。因此，所以营销推广信息需要第一时间取悦用户的视觉感官。那么，如何达到这种效果呢？

首先是图片的选择。因为图片相对文字更直观，所以，现在的很多推广信息都是采取图文并茂的形式。企业在选择图片的时候，第一，一定要选择可以与文字形成呼应的图片，若出现图文不符的情况，图片往往无法发挥应有的作用；第二，图片要极具吸引力，例如，当推广信息面对的用户群体大多为男性时，展现美丽的女性形象的图片会具备比其他类型图片更大的吸引力。

其次是色调的选择。从色彩心理学的角度来说，脑电波会对不同的颜色做出不同的反应。比如，红色对应警觉、蓝色对应放松等。在确定推广信息的整体页面的色调时，要根据信息的特质选择色调。

最后是版面的设计。一般情况下，喜欢把物品摆放得整整齐齐的人，通常比较严谨、认真；而喜欢把物品随意摆放却乱中有序的人，往往更具创造力。企业在设计推广信息时，是选用整齐划一的排版还是错落有致的布局，要根据用户群体的特点和喜好灵活抉择。

2. 激活听觉机制

听觉是人类最重要的感官之一，在原始狩猎时期，人类除利用视觉外，还需要听觉的辅助来判断猎物的动向和野兽袭击的方向。在现代社会，人们依然要靠听觉接收信息。

悦耳的声音和漂亮的图片、绚丽的色彩一样，都可以通过感官转化成影响心理变化的因素。在这些悦耳的声音中，音乐占据了很大比例。

音乐凭借声波震动而存在，是通过人类的听觉器官而引起各种情绪反应和情感体验的艺术门类。换言之，音乐具备改变人情感的作用。

音乐心理治疗是一种新兴的边缘学科，通过音乐和心理治疗的结合，运用音乐对人的情绪和情感进行调控，结合专门设计的音乐来治疗一些心理疾病。目前，世界上有45个国家正在使用音乐治疗法，27个国家的150所大学开设了音乐治疗课程。音乐治疗已经成为心理治疗中一项极为重要的方法。

在营销推广信息中，如果有合适的音乐辅助，用户可以更深入、更全面地理解信息，当然，前提是要选择与内容相辅相成的音乐风格。

人们经常用"视听盛宴"来形容一部优秀的电影或一场引人入胜的音乐会。视觉和听觉是人类的两种基本感官，也是与内心情感联系最紧密的感官。能够带来视听享受的作品必然会使人身心愉悦。当这种愉悦的感觉能够长期延续时，人们自然而然会对这些作品成瘾。

在营销活动中也适用此法，一系列图文并茂、色彩鲜明、配乐优美的推广信息，是让用户更全面、更深入地了解企业的必要途径。当然，这也是促进转发、加深用户黏性的重要法门。

营销是在创造、沟通、传播和交换产品中，为顾客、客户、合作伙伴，以及整个社会带来经济价值的活动、过程和体系。无论是饥饿营销、事件营销，还是霸屏营销等，区别只在于营销方式的不同，营销的目的始终不变，就是将产品售卖出去从而获得利益。

市场经济下，商品价值由生产该商品的社会必要劳动时间决定，而商品价格是商品价值的货币体现。从经济学角度来说，企业在不违背市场规律的前提下，一般是没有办法左右市场价格的。若企业想获取更高的收益，就只能在增加销量上寻找突破口。

悬念：欲罢不能的钩子

留白，是中国传统艺术创作中常用的一种手法，被广泛应用于国画、书法等艺术作品中。创作者会在作品中留下空白区域，使画面更加协调、自然，同时也给欣赏者留下了自由想象的空间。中国传统艺术作品强调意境，留白赋予了意境无尽的悬念和可能性，这就是留白的魅力。

这种方式在现实生活中也很常见。古代说书先生们经常会在讲到故事高潮时戛然而止，给听众留下悬念；现代电视连续剧也会在剧情进展到关键时刻结束一集，设置悬念，让观众期待下一集。这样做的目的其实是要引起人们的好奇心，让他们迫不及待地想听到下一回故事或看到下一集剧情。悬念，就像一把钩子，撩拨着人们的心弦，让人们欲罢不能。

在营销中，利用悬念引发用户的关注也是一种常见的营销手段。

苹果手机在利用悬念为营销造势这件事上，可谓是做足了文章。

每一款苹果手机在上市之前，都会事先通过各种渠道对其新增功能、外形变化、硬件升级等方面进行大肆宣传。

在iphone X上市之前，苹果公司对全新的全面屏手机机型、面部识别解锁和支付功能进行了宣传造势。但是在产品发布会之前，并没有公布实体机的真实样貌，吊足了用户的胃口。在日益积累的"悬念作用"下，iphone X开放预售仅三天，在中国市场的预订量就超过了650万部。可见，悬念对营销的推动作用巨大。

事实上，大多数企业都明白，对产品进行前期宣传造势时，需要一些悬念或者噱头来吸引用户。但如何把握制造悬念的"度"才是真正的难题。

要做到恰到好处地利用悬念进行营销，必须把握好以下三点。

1. 悬念必须与产品本身息息相关

悬念的存在是为了促进产品的销售，所以悬念必须与产品有直接的联系。比如，一款新能源汽车，可以从车型、使用能源种类、能耗，甚至价格等方面设置悬念，因为这些都是用户比较重视的。然而，如果在制造该车的工程师身份上设置悬念（除了工程师的身份极为特殊这种情况之外），正常情况下，这种做法很难激发用户的好奇心。

用户在购买某件商品时，最看重的是商品本身，所以用来吸引用户的悬念也应该与用户的关注点相关联。

2. 悬念要层层递进，吊足胃口

用户对产品种类的需求有时是无法预知的。同样，某一件产品吸引用户的特性有时也是未知的。相同的产品，有些用户是因为价格优惠而购买，有些则是因为质量有保障而购买。所以，在无法预判用户对产品的需求时，最好的方法就是设置多种悬念，尽可能多地吸引用户。

设置多种悬念，不是将产品的悬念全部抛给用户，而是应该有条理、有层次地设置悬念并逐级展开。

"小米"是国内排名前列的国产手机品牌，小米手机一贯的特点就是价格亲民。大多数小米手机的使用者最初都是被优惠的价格所吸引。

近几年，小米公司开始推出中高端机型。但是，与其他品牌相比，同等配置的小米手机的价格始终最低。2018年，小米公司推出了mix型号手机，这款手机在推广的前期就以"价格最低的高性能手机"为主要噱头，吸引了很多用户的好奇心，之后，又以"特殊"为悬念再一次抓住了用户的猎奇心理。

从用户最关注的点开始，然后用一个个能引起不同人群兴趣的悬念，一步步将用户的好奇心调动起来，就可以达到良好的营销效果。

3. 悬念必须匹配营销活动的时间节点

人的好奇心不可捉摸，同时也难以持久。如果在产品研发之前就设置悬念，当产品准备上市的时候，人们的好奇心可能早就消磨殆尽了。因此，悬念设置必须匹配营销活动的时间节点，在合适的时机逐一抛出，既能保持悬念设置的连贯性，又能保证用户的好奇心始终处于旺盛的状态，有助于扩大营销的成果。

畅销元素2

存在感：因变化而凸显

　　企业的存在感就是品牌的影响力；品牌效应可以在营销推广中发挥重要的作用；品牌知名度会在用户挑选商品阶段产生影响。在没有使用经验的前提下，用户往往倾向于选择品牌中存在感较强的一种。

　　无论是何种类型的企业，其存在感都要经历从无到有。从不为人知到脍炙人口的过程中，大部分企业会因为各种各样的原因无法到达终点，只有一小部分企业能够登上"最高峰"，成为行业中的翘楚。

　　品牌发展失败的原因与企业自身的特性息息相关，具有针对性和特殊性，我们无法从中获取普适性的规律。但成功的企业在提高存在感的过程中却有许多共通的经验值得借鉴。

　　企业打造品牌存在感的手段主要有两种：第一种是通过各种宣传渠道进行品牌包装；第二种是利用用户的使用体验进行口碑营销。

　　这两种方法在使用上有先后顺序，品牌只有先取得一定宣传效果，才能促使用户选择该品牌，之后才有用户对使用效果的自主宣传。在宣传效果上，二者也有差异：口碑营销虽然至关重要，但用户自主宣传的效果有很大局限性，所以一般只作为辅助的营销手段；而宣传推广可以在提高品牌存在感上发挥主要作用。

大多数在行业内达到领先地位的企业，都不会吝惜在宣传上的投入。它们往往会紧跟时代潮流，不断更新宣传的内容和方式。

"百事可乐"是美国著名的饮料生产商和供应商，也曾是世界上年销售量最大的饮料品牌。

百事可乐最大的竞争对手就是可口可乐，在过去100多年的竞争中，百事可乐终于在进入21世纪后实现了销售量的胜出，在市值上也超越了对手。而百事可乐能够在竞争中略占上峰，与两家公司不同的宣传推广方式有很大关系。

百事可乐推崇全方位、多元化的发展路线，涉足体育、影视、餐饮等行业。尤其是进入信息化时代后，百事可乐更是将宣传做到了极致，其不断更新明星广告，在影视作品中植入品牌形象，赞助众多体育赛事，甚至在快餐店也随处可见其商标。而可口可乐却坚持一贯的"群众路线"，几乎不涉足其他产业，广告投入也远少于百事可乐，只专心做好饮料，靠口碑说话。

事实证明，百事可乐这种顺应时代、积极求变的方式更适合提高企业的存在感。

简单来说，企业的存在感其实就是企业的品牌，包括产品给用户留下的印象。而用户获取这些印象的主要来源就是企业的宣传推广活动。那么，以提高品牌知名度、企业存在感为目的的宣传推广活动应该怎样操作呢？

其实很简单，审时度势、顺应潮流就足够了。

近几年，国内娱乐文化产业开始迅速发展，各类综艺节目、娱乐明星层出不穷。在这种背景下，百事可乐在中国的广告宣传大力使用明星代言的方式，甚至在一个广告中同时出现数名当红明星。

与此同时，百事可乐的包装也在不断变革。在原有商标不变的前提下，百事可乐使用新潮的配色，并加入网络流行语，展现自己新潮时尚、个性十足的风格。

百事可乐通过使用这些新潮的元素和手法，给自己贴上了个性、潮流等极具代表性的标签，这些都可以吸引年轻的用户群体。

随着时间的推移，经济在发展，社会在进步，人们也在不断接受新事物。企业在这种趋势中，想要生存，想要获得更多的认可，想要提高存在感，就必须顺应时代，求新、求变。

畅销元素3

代入感：持续吸引力的漩涡

人是一种感性动物，人类对情感的感知和表达能力是所有动物中最突出的。很多人经常会在阅读小说、观看影视剧的时候，不自觉地将自己代入到剧中，与剧中的人物感同身受。人们之所以会因为一个虚构的人物慷慨激昂、感动流泪，皆是因为"代入感"。

代入感能够让人对代入的角色有更清晰、更透彻的理解。将这一原理应用到营销活动中，让用户将自己代入到产品使用者的身份中，可以帮助用户全面、直观地了解产品，从而刺激产品的销售。

产品从性质上可以分为实体商品和非实体商品，比如，服务类项目这种非实体商品，可以让用户通过体验获得对商品的代入感。但如果要在实体商品的营销中使用这种方法，只能以使用商品的人为被代入的对象。

只要能让用户对产品产生代入感，就能提高产品的吸引力。可怎样使用户产生代入感，是很多企业在营销过程中遇到的问题。

要让用户产生代入感，最重要的是营造环境与条件，简单说就是给用户心理暗示。人在什么情况下容易感同身受呢？在他与虚拟人物拥有类似或相同经历的时候。在企业的营销活动中，当用户所处的环境和自身条件与虚拟人物产生重叠的时候，用户就极易产生代入感。

我们在广告中经常看到利用代入感进行营销的手法，尤其在一些医药类、保健品类的广告中。这些广告通常会以使用前的症状和使用后的效果为主要宣传内容。在用户观看广告的时候，会因为自身症状与广告中虚拟人物的症状类似而形成代入感，然后不自觉地将产品的效果移植到自己身上，从而形成购买欲望。

一些老年人专用钙的营销推广，往往都是以腰腿疼痛、骨质疏松等老年人的普遍性病痛开始，以用药后疗效显著为结尾。看到广告的老年人如果有类似或相同的病症，在心理暗示的作用下，一部分人会将自己想象成使用该产品的人，同时也会想象自己用药后康复的情况。这时候，因代入感形成的吸引力漩涡也就发挥了作用。

但是，人在拥有感性的同时，也具备强大的理性思维。要营造促进代入感形成的环境和条件并非难事，难的是如何在用户形成感性代入的同时，赢得他们经过理性分析后的信任。下面有两点注意事项。

1. 切合实际

代入感可以让用户了解产品的效果，但这种效果是企业通过宣传推广营造出来的，具有较强的主观性。因此，即使代入感使用户形成了感性认同，但用户在感性之余还是会进行理性分析，认真分辨这种感性认同是否正确。

对于企业来说，为了增强宣传的效果，可以对产品的使用体验进行小幅度渲染，但绝不能不切实际、自吹自擂。轻视用户的分辨能力，就是在拿企业的品牌和声誉去"赌博"。

2. 营造无死角的环境和条件

前文提到，能让代入感发挥作用的前提，是要营造类似的环境和条件。企业在营造环境和条件时，要充分考虑用户所处的环境和自身条件，尽可能地做到全方位无死角匹配。

苹果计算机的使用人群非常广泛，有专业的设计人员、追求潮流的年轻人、忠实的"苹果粉丝"等。针对这些用户，苹果的广告中经常会出现不同肤色、不同职业的人。

这个案例告诉我们，企业在营销中不应只匹配一种类型的用户，在营造促进代入感形成的环境和条件时，也应该尽可能考虑更多用户的需求，最理想的状态就是像苹果公司那样，做到全方位无死角匹配。

畅销元素4

保守秘密，创造神秘感

人类从诞生之初就拥有探索未知的本能，从对天灾的恐惧到逐渐探究出天灾的规律和抵御天灾的方法，从唯心主义的图腾信仰到唯物主义的科学指导，神秘感总是能够激发人类的好奇心和探究欲望。

我们在武侠小说中经常可以看到很多所谓独门的事物，如毒药、美酒、美食、武功等。这些事物无法在现实生活中找到，充满了神秘色彩，在其神秘面纱被揭下之前，读者会对其效力和作用充满好奇心。

在现实生活中，有很多商家会在营销推广中使用"独家""秘制"等词语来吸引用户。

为什么人们会对神秘的东西趋之若鹜？这个问题要根据不同种类的神秘感来解释人们不同的反应机制。

神秘感可以大致分成两种，一种是由来已久、秘而不宣所营造出的神秘感；另一种是独家配方、别无他选所树立的神秘感。两种类型的神秘感既可相辅相成，也可独立存在。

对于有历史感的神秘事物，如"祖传配方"产品，它吸引用户是因"祖传"二字所代表的历史重量。从用户角度考虑，事物的存在必有其根据，在漫长的历史中，这件产品可以经受住历史的考验并传承至今，必有其过人之处。

第一杯可口可乐诞生于1886年，出自美国佐治亚州，亚特兰大市一名叫约翰·彭伯顿的医生之手。从诞生之初到现在，可口可乐从未公布配方，甚至曾因其不愿在"有毒可乐"的诉讼中提供配方作为证据，而不得不放弃整个印度市场。

虽然在科技高度发达的今天，通过科学手段分析一款汽水的成分是极简单的事情，但可口可乐仍然不公开配方。

可口可乐在成立99周年的时候，曾计划进行配方改良，放弃传统配方，启用新配方，但却遭到大量用户的反对。由此证明，人们还是更喜欢老配方的味道。

对于从独特性角度衍生出的神秘感，如"独家配方"产品，代表独特和稀缺。物以稀为贵的观念会引导用户去追寻稀缺的事物，因为稀缺的事物往往代表了较高的价值属性。

一道菜的菜谱、一首歌的编曲、一篇报道的内容，这些都可以是"独家"的。一旦拥有了"独家"的标签，任何其他同类事物都会被认定为模仿和抄袭。虽然质量上的差距并不大，但人们往往还是偏爱正宗的"独家配方"产品。

在打造品牌的产品营销过程中，利用神秘感吸引用户是较常用的手段。虽然说起来简单，但在实际操作中要遵循以下方法。

1. 选择恰当的神秘感类型

永远不要低估网络的力量和用户的辨别能力，在网络高度发达的信息时代，企业的基本信息几乎都可以在网上获取。因此，企业在进行神秘感营销的时候，要谨慎决定神秘感的类型。如果是新企业自主研发的产品，可以用"独家"标签来宣传产品，但如果企业非要在"独家"上再加一层历史的神秘感，却没有相应的企业发展历程来佐证的话，可能会成为网络打假和3·15晚会打击的典型案例。

2. 保守秘密

香水是添加了香气因子的液体，原材料的成本不会太高。但香奈儿、古驰等品牌的香水却可以跻身奢侈品行列，以高昂的价格出售，主要是因为其气味独特且配方不为人知。

廉价香水与高档香水的区别在于廉价香水配料简单、配方易得；而高档香水配料考究，而且配方保密。若奢侈品香水的配方被公布，复制品比比皆是，那奢侈品香水也就坠下神坛了。

神秘之所以神秘，在于不为人知，只有保守住核心技术，才能确保神秘感持续吸引用户。

3. 神秘需要高端、大气、上档次的包装

神秘感的存在不能单靠产品本身的神秘色彩来维持，适当的包装也能起到提高神秘感的作用。

现在很多企业都会选择使用奇特的产品包装来吸引用户的注意力，有着枪支造型的卡拉什尼科夫伏特加就是这样做的。该品牌以某种自动步枪创始人的名字为品牌名，外包装酷似一个弹药箱，营造出一种神秘感。而造型逼真的酒瓶，又进一步烘托出产品的神秘感，让用户产生一种惊喜的感觉。同时，酒瓶本身也更像是一件工艺品，而非单纯的酒瓶。

俗话说："人靠衣装，佛靠金装"，神秘感也要依靠包装。"平淡无奇"只能称之为秘密，"高端大气"才称得上是神秘。

畅销元素5

商品需要社交认同

美国的思想家、文学家、诗人拉尔夫·沃尔多·爱默生曾说过："我们知道的最好、最可靠而又最没有副作用的兴奋剂就是社交。"在社会生活中，社交是不可避免的。社交行为往往具有目的性，无论是与同学、同事、朋友、家人在一起，还是在网络社交媒体上，几乎所有的社交行为都是以建立更多联系，或巩固已有联系为目的的。换句话说，就是为了获得更广泛，或者更深刻的社交认同。

为什么人们会执着于获得别人的认可？因为在商品经济时代，自我的肯定和否定只代表个人观点，而评估一个人的标准来自这个人身上带有的社交认同标签。比如，一个人的品行好坏，不仅在于他自己的评价，还在于其朋友、同学、亲人、师长等的评价，这些因素都会成为其他人的判断依据。

一个人的综合素养如何，不是靠个人描述来决定，而是通过他人的社交认同来证明，商品也一样。

人们在购买一件没有使用过的商品时，除了货比三家，通常还会询问身边用过类似产品的家人或朋友，由此得到的意见会成为影响人们做出最终选择的重要因素。这也从侧面说明了商品获得使用者认可的重要性。

荷兰著名印象派画家梵高，是印象派画家中最具特色和代表性的人物，是表现主义的先驱，擅长用热烈鲜艳的颜色表达内心的情感。但在梵高生前，他的创作手法因太过超前，并不被人们认同。在梵高去世前，他只售卖出一幅画作。而在他去世40多年后，人们才意识到，曾经有一位伟大的艺术家，在贫困、抑郁和不被认可中，就像一道流星，虽然璀璨却转瞬即逝。如今，他的每一幅画作都成了无价之宝，被收藏或展览于博物馆中。

虽然艺术领域与市场营销领域不能一概而论，但艺术品也是商品，因此，社交认同对商品销售的辅助作用是毋庸置疑的。

商品的社交认同不等同于商品质量好，但商品质量好是商品的社交认同的一种表现形式。在获取社交认同这件事上，企业不能单纯靠质量取悦用户；除了质量过硬这一必要条件，还要有其他吸引人的因素共同发挥作用。

1. 商品的核心吸引力

对于很多商品来说，质量就是核心吸引力。比如，汽车、厨具等耐用品，在质量过硬的前提下，社交认同的表现形式就是商品的好口碑。但不同商品有不同的目标用户，需要不同的核心吸引力。只有具备独特核心吸引力的商品，才能在目标用户中脱颖而出。

在近几年迅速发展的国产智能手机市场上，有几个品牌一直占据销售榜前列，如华为、小米、vivo等。这些品牌都具备不同的核心吸引力。

华为拥有自主产权优势，尊重人们支持国货和支持科技创新的心态，吸引用户；小米拥有物美价廉优势，用低价格、高性价比赢得竞争；vivo相对比较特殊，拥有强大的拍摄功能，主要面向年轻群体，尤其是女性用户。

2. 商品的社交推动力

商品想拥有社交认同就要先建立"认同"，但如果社交行为未能达成，认同的程度再高也无法发挥作用。所以，商品除了要能获取用户的认同，还必须具有让用户完成社交行为的"催化剂"。

企业若想让用户因某件商品去主动社交，这个商品就需要有值得分享的噱头。比如，漂亮的外形、新奇的设计，或者其他让用户觉得与众不同的元素。

在炫耀假设中我们提到过，人们有各种各样的炫耀行为。因此，商品的社交推动力也可以理解为激发用户炫耀心理的因素。

至于什么样的商品需要什么样的元素作为社交推动力，这就要根据诸多因素来综合考虑，包括目标用户类型、商品特性、地域特点等。总之，无论是核心吸引力还是社交推动力，都要因不同而不同、把握规则、积累经验、灵活使用。

设定一个有温度的人格

拟人，是一种常见的修辞手法，在文学作品中经常会运用这种修辞手法。通过赋予景、物以人的情绪及情感，可以更生动、形象地表达非人物质的特质。

除了在文学作品中，在营销推广的广告中，拟人手法的使用也非常广泛。我们经常会在广告中看到一些商品以拟人化的形象出现，商品会"亲自"介绍自己的功能与效用。

其实，从表现形式上看，这种宣传手法有些幼稚。但企业或商家依旧热衷于使用这种手段的根本原因，并不是单纯为了宣传效果，他们考虑更多的是向用户传达企业或商品的人性光辉和有人格温度的形象。

企业把自己设定的有人格温度，和在文章中运用拟人修辞手法的效果相类似，可以让广大用户感受到企业的"个人"魅力。

这种做法基于一个观念：企业卖的不只是产品，还有人设（人物设定，简称人设）。

"卖人设"这种手段运用在娱乐行业中，就是常见的艺人圈粉手段

（指通过各种方式扩大自己在社交网络上的粉丝群）。经纪公司会根据旗下艺人的特点，给他设定一个人设。比如，颜值不高的演员就走"演技派"路线；唱功一般的歌手就走"偶像"路线等。包括大多数艺人的社交媒体账号，其实也是由经纪公司中的专业人士运作；在艺人接受采访和参加节目时，会有经纪人帮忙监督或回答问题。这些都是为了保持艺人已经持有的对外形象。

其实，人们所看到的艺人可能并不是其生活中的真实形象，但经纪公司坚持塑造艺人的人设，就是为了给艺人打造一个有温度的人格。因为在大众眼中，艺人通常长相好、多才多艺，集普通人向往的特质于一身，这种近乎完美的人，会让普通人感受到压力而不愿接近。可是，如果将这个近乎完美的人增加一些与普通人一样的特点，如爱好美食、说话直白等，就会拉近与普通人的距离。

一个有人格温度的艺人，一个接地气的明星，比起一切尽善尽美的人更容易吸引粉丝。

企业对产品的营销和经纪公司对艺人的营销其实是有共通之处的。唯一不同的是，经纪公司是给艺人塑造人设，而企业是给自身设定一个有温度的人格。

现在，大多数企业会通过社交媒体来展示自己的人格温度或态度。

很多企业都开通了企业官方微博，而这些微博通常都是以第一人称发布消息，而且都有各自的风格。比如，小米的官微，语言风格文艺而不失诙谐，符合其"发烧"用户群体的风格；而华为的官微，则展现了简约大气的风格，和华为以质量取胜的企业文化相匹配。

当企业将自己的形象人格化，与用户的距离就会被拉近。然而，企业的人格化设定必须符合企业的产品特色，顺应主流思想。

1. 企业人格来源于企业自身

人们常说，相由心生，一个人内心的想法往往映照在脸上。企业的人格就是企业自身特点的拟人化，所以，企业的人格必然要符合企业的特质。

比如，经营体育用品的企业，应该展现积极运动、健康向上的形象；经营生活服务的企业，应该展现周到全面、细致入微的形象；如果一个从事装修装饰的企业，展现的是文质彬彬的文艺形象，就会显得不专业，也不足以让人信服。

2. 企业利益永远服从于主流思想

企业要想获取更多利益，关键是要赢得用户对企业的认同。而这种认同中，也包含了用户对企业形象的认可。所以，企业在经营中必须跟随人们的思想，换句话说，就是要始终服从于主流思想。

在21世纪，90后已经成为主要的消费群体，对商品的需求也从质量第一演变为追求个性，很多企业的营销也开始针对这些年轻人进行战略调整。戴尔公司在原有的网络订购基础上，新增了私人订制服务，用户可以在选择基本机型后，对一些配件进行个性化选择，如键盘背光、机体颜色、机体材质等，这一做法符合个性化的消费习惯。

主流思想是不可逆的潮流，企业在这股潮流中必须顺应潮流、顺势而为。

绝对有效的恐惧信息

我们经常会在朋友圈看到一些"标题党"文章，即使我们想到这可能是一篇文题不符的文章，但我们仍会点开查看正文内容，结果不出所料，正文确实与标题不相符。那么，为什么人们明明知道这种恐怖标题下往往是一篇无关痛痒的文章，却还是会点开阅读呢？因为，人类的大脑对恐惧信息有一种天然的警觉机制，人们在感受到恐惧因素后，会不自觉地确认是否安全。

人类从诞生之初就生活在被野兽袭击、食物匮乏、天灾肆虐等恐惧中，所以规避风险是人类的一种本能反应。即使在现在，人们依旧对恐惧信息保持着极高的敏感度和反应能力。

计算机的运行离不开各种安全软件的保护，用户在使用安全软件时，经常被提醒计算机存在风险或漏洞，其实这些漏洞不一定会影响系统的运行或信息安全，但在这种提示下，很多人会出于对恐惧信息的谨慎，选择进行病毒查杀或漏洞修补。而安全软件也达到了提高使用率、增加流量的效果，从而吸引更多资金，提高收益。

在产品经营中，企业也可以利用好恐惧信息的力量来提高关注度和销量。

1. 恐惧信息必须与用户相关

为什么说副驾驶是车上最危险的位置？因为在遇到危险的时候，司机一般来不及考虑，本能反应就是规避风险，躲开撞击。当司机本能地躲避危险时，处于前排的副驾驶自然就成了直面危险的位置。由此可见，在本能反应时，人类有明显的"利己"表现。恐惧和危险自然不能画等号，但也足以说明人类对切身的恐惧更加敏感。因此，企业必须找到合适的恐惧信息，也就是与目标消费人群相关的恐惧信息。

2. 恐惧信息必须直达本能

不是所有恐惧信息都能使人产生恐惧感。人们在看到车祸时会产生恐惧心理，但人们在看到可能造成车祸的汽车时，并不会有强烈的恐惧感；人们会对枪战交火产生恐惧感，但单独看到枪的时候，人们的恐惧感会相对降低；可是当人们看到蛇、马蜂等可能会对个人产生伤害的事物时，无论它们有没有攻击的意向，人们都会对这些事物产生恐惧心理。

每个人都有一套对恐怖事物的本能反应机制，不能准确触发这种反应机制的恐惧信息并不会产生很大效用。

3. 恐惧信息是营销手段，但绝不能谣言惑众

企业利用恐惧信息进行营销推广是一种常用手段，恐惧信息应该是影响用户心理的一个楔子，但绝对不能为了扩大产品营销的效果，不顾法律和道德的约束，制造和传播谣言。

畅销元素8

持续改变，才能培养忠诚度

很多时候，人们的消费习惯受惯性引导。当人们习惯于使用某个品牌的商品后，在需要同类型商品时，他们首先想到的是之前惯用的品牌，这就是消费惯性。

消费惯性一般是从一次好的使用体验开始的。用户在使用某品牌的商品后，对该产品的好感程度与对该品牌的消费惯性成正比。用户的体验越好，消费惯性就越大。

消费惯性其实也可以解释为用户对品牌的忠诚度，但两者之间并不完全相同。消费惯性的出现有两种主要原因：一种是因为"习惯"而产生的惯性；另一种是因为"情感"而产生的惯性。

因"习惯"而产生的惯性，在生活中很常见。当人们购买类似商品时，一开始可能受距离、价格等因素的影响，而当这种购买行为成为日常行为后，购买的原因就成了因为"习惯"而购买。比如，人们习惯从同一家商店购买柴米油盐，也习惯从同一家菜市场购买水果蔬菜等。在这种习惯中，感情因素所占比重很小，这种消费惯性并不源于用户对品牌的忠诚度。而因为"情感"而产生的消费惯性，情感因素的作用会占据主导地位。比如，运动员选择运动装备时，会有自己偏爱的品牌；人们在选择电子产品时，通常会选择自己信任的品牌。

这种由情感驱动形成的消费惯性可以等同于用户对品牌的忠诚，也可以理解为用户对品牌的忠诚是一种有感情色彩的消费惯性。

企业想利用情感驱动作用进行品牌建设，首先要了解都有哪些情感可以发挥推动作用。

第一种就是喜爱，这种情感来源于用户对商品的第一印象，是其他所有情感的基础。当人们对一件商品产生好感时，这份好感中包含的所有情感都要从喜爱开始，最后也会回归到喜爱。

第二种就是舒适，这种情感一般出现在用户使用产品一段时间之后。在简单地使用中，用户可以感受到这件商品的舒适度，即和自己的匹配程度。

第三种就是信任，这种情感是用户在长时间使用某商品后，对商品乃至品牌的认可。这种信任其实是一种终极结果，是用户在商品的不同使用时期产生的情感因素的总和。

企业在培养用户的品牌忠诚度时，能否促成用户情感的出现和存续，是消费惯性最终成型的决定性因素。简单地说，就是企业怎样做才能让人们爱上自己的产品。漂亮的外形、过硬的质量、舒适的使用体验，都是不可或缺的因素。但是，随着科技的进步，人们生活水平的提高，用户对商品的衡量标准也在与时俱进。因此，为了达到新的消费需求，企业的产品也要不断进化，持续革新。

这里需要注意，企业在革新时不能盲目跟风，不是什么元素流行，就在产品中加入什么元素。简单地跟风，只能算作改动；真正的革新，是在原有基础上产生质变。

1. 科技创新

科技是第一生产力，这是一条真理，也是企业持续革新的根本。科技创新不仅需要企业适应新的标准，还需要企业在创新水平达到一定程度之后，可以创造新的标准。

当人们都在因4G技术的运用而感慨科技进步的速度飞快时，"5G时代"已经悄然来临。华为作为中国第一大智能设备制造企业，截至2018年，已经拥有1600多项5G技术的核心专利，很多国家也已经与华为达成5G技术合作计划，华为在国际上已经超越了绝大多数的同类企业，成了新的通信技术标准建立者之一。

2. 持续进化

"改变"是一个延续性动词，不是短时间内就可以完成的。为了培养用户的品牌忠诚度而进行的改变不是短时间地改变，应该是不断地、持续地进化。

用户的消费习惯是可以积累的，企业的每一次改变所积累的用户好感，都可以转化为消费惯性的推动力。在企业的持续进化中，用户对品牌的认可度会逐渐提高，最终将成为忠实用户。但是，如果中断企业的改变和革新，企业之前积累的用户好感会被迅速消耗，最后将导致用户转投其他品牌的"怀抱"。

第三章

造就霸屏的 6 大法则

我们生活在一个信息爆炸的时代，智能设备不断改变我们的生活。在这种环境中，企业逐渐失去与用户面对面的条件，只能通过网络与用户产生联系，霸屏营销的概念应运而生。想游泳，要先知道泳池有多深；想霸屏，就要先掌握其内在的逻辑法则。

瞬间定生死

如今，互联网深深融入人们生活，越来越多的人通过互联网接收资讯和信息。但人类目前无法直接接收电子信号，网络中的信息需要转换为人类可以识别的信息，这时就需要一个载体，而这个载体就是屏幕。手机、计算机、电视、智能手表等电子设备，就是通过屏幕将信息传达给人们。

在信息时代，人类对于信息的渴求通常以依赖屏幕的形式展现，所以企业营销推广的重心也相应地转移到了屏幕上。但是，网络中各种各样的信息浩如烟海，相同或相类似的信息更是不计其数。企业要想在众多竞争对手中立于不败之地，关键在于能否抓住用户的"心"。

人们的生活节奏不断加快，快餐式的生活方式越来越普遍。人们不再苛求信息的内涵和深度，而追求资讯的迅速和直接。"日久生情"已经成为"过去式"，现代人更相信"一见钟情"。

在这种趋势下，营销的成败不在于长久的博弈，而更像是瞬间定生死的决斗。营销不应该再过分执着于用复杂的逻辑、宏伟的蓝图和优雅的腔调来彰显企业的与众不同，而应该考虑如何一击即中，直达用户内心。

1. 重视第一印象

网络时代，时间的质感不复存在。在不断提速的生活节奏下，人们的消费心理也在逐渐变化。过去，人们的购买行为多数是仔细斟酌后的结果，而现在，商品给用户留下的第一印象成了影响购买的主要因素。

所以，企业在营销中，要争取第一时间与用户产生"火花"。简而言之，就是要让用户在深刻了解商品之前，先对商品具备一定好感度，在先入为主的作用下，用户更容易产生购买的欲望。

如今，网络购物逐渐成为主流，淘宝、京东、苏宁等电商平台迅速发展成为国内巨头企业。

用户在网购时往往通过商家提供的图片和销售数据来选择商品，在这种情况下，用户不具备通过实物观察和试用来评估商品的条件，更多的是被第一眼看到商品时的内心感受所影响。所以，网店卖家通常都会把自己的网络店铺和商品图片设计得极具吸引力，只为给用户留下深刻的第一印象，先入为主。

2. 提高更新速度

现代社会，人们对新事物的追求几乎已经成为一种本能，也成为展示自身未与社会脱节的标志。

在"交通基本靠走，通讯基本靠吼"的年代，人们的谈资经常是最近一段时间发生的事件，而在网络时代，人们谈论的通常是今天发生了什么，或者刚刚发生了什么。

这种变化下，企业要想在营销宣传中获得更好的效果，首先要确保宣传信息跟上人们获取资讯的节奏，然后不断更新，始终保持信息的新鲜度。因为在现代人的潜意识中，会给最新和更好之间画上等号，会对新的事物有着特殊的兴趣。

Windows 8操作系统进入中国市场后，大量个人用户选择了更换或升级系统，而大量计算机生产厂家也把出厂系统从Windows 7改成了Windows 8。

Windows 8作为Windows 7的升级版，真的更优秀吗？从处理速度上来说，答案是肯定的。但是在Windows 8上线初期，因其兼容性和操作模式变化的原因，使用户体验差于成熟稳定的Windows 7系统。

由此可见，新事物超越旧事物需要时间和不断调整，毕竟旧事物由来已久。但是人们仍然偏爱新事物，从根源上看，是因为新事物拥有旧事物无法企及的底蕴和上限。

法则2

眼见为实

在电商行业和物流行业快速发展的今天，越来越多的年轻人不愿意去超市或百货商店统购商品，如果不是十分重要或急需的物品，他们更愿意通过互联网购买商品，毕竟中国拥有世界上效率最高的物流服务，而且从下单到收货，与其说是等待的过程，不如说是期待逐渐升级的过程。

人们常说"眼见为实"，但是在网购模式中，购买行为通常发生在见到实体商品之前，即使是货到付款的方式，也只是延长了购买行为最终达成的时间，没有改变先"购买"后"看货"的本质。为什么人们愿意选择无法提前看到实际商品的网络购物形式？因为电商平台构建了一个三方信任的环境，在这个环境中，购买行为不再受地域和空间的限制。

在网络购物中，商家提供的图片和数据是消度者了解商品的主要依据。但是，由于提供图片和数据都是商家的自主行为，商家想让这些图片和数据给用户眼见为实的感受，需要很多条件。其中最重要的就是，用户、商家、平台三者之间要达成信任环境。

用户可能不会轻易相信商家，但用户一定信任电商平台，电商平台虽然只是提供平台给商家和用户的第三方，但平台始终有监督和监管商家的权力。并且，电商平台往往以有雄厚资本的成熟实体企业为后盾，用户抱着"跑得了和尚，跑不了庙"的心态，会比较信任电商平台。

平台对商家通常会有一个信用评级，电商平台会结合商家得到的用户评论以及日常信用行为而评定等级，用户出于对平台的信任，会根据信用评级选择商家，这就促成了用户对商家的间接信任。在三方达成信任关系后，商家提供的图片、数据才可以真正发挥作用。

用户与商家之间除了通过平台达成的间接信任，还存在另一种间接信任关系，就是因其他用户的评论而提升信任感。在用户看来，其他用户的购物体验具有一定参考价值。

除了上述情况以外，还有很多企业虽然依托网络进行宣传，但并不依托电商平台进行营销，对于这类企业，要想让用户有眼见为实的感觉，只能依靠其他营销手段。

1. 整合图片

人类是一种视觉动物，相比其他感官，人类更相信自己亲眼所见的东西。图片，能很好地激发视觉反应，可以直观地展示出企业想提供给用户的信息。

生活中常见的减肥产品广告，几乎都是以图片对比的形式出现，企业会将使用者使用产品后的效果与使用之前进行对比，以凸显产品的效果，也更容易让用户信服。虽然合理运用图片可以帮助用户快速了解商品，但并不是一两张图片就可以达到这种效果。

首先，图片要尽可能多，但绝不能只有图片，如果通篇都是以图片形式进行宣传，会显得过于草率和缺乏专业性，图片应该与文字和数据形成呼应。

其次，图片的布局要合理，一味地堆砌图片会让用户找不到宣传重点和商品特色，混乱的布局也会使用户心生厌烦，丧失继续阅读的欲望。

2. 精简文字

在信息爆炸时代，人们的阅读习惯发生了变化，长篇大论显然无法匹配人们的快节奏生活，所以，企业在宣传中应尽可能减少文字的使用，增加图片比例，图文相配的形式更能吸引用户的关注。

很多企业在营销的时候，为了把自己的产品介绍清楚，往往会使用大段文字来描述产品的原理和作用。且不论用户是否有耐心去读完这些长篇大论，即使有人愿意通读下来，企业也无法确保这种内容能直击用户的痛点（本书中指用户或企业的需求）。

与其巨细靡遗地介绍一些用户不感兴趣的信息，倒不如精简文字内容，只在用户有需求的地方进行必要标注，能让用户感受到企业的专业性。也就是说，精简文字内容比万字长篇更容易让人产生好感。

3. 精准数据

对于一些专业性较强的产品，比如，电子元件、机械配件、管道设备等，这类产品的使用要求比较严格，因此，用户在购买这些产品时，往往比购买其他类型的产品更加谨慎。

对于生产这些产品的企业来说，在宣传上要让挑剔的用户产生眼见为实的感觉，除了利用图片和文字，还要充分利用数据。

在文字介绍和图片展示的同时，企业还可以在图片上标注数据参数，让用户更准确地了解商品，而且，准确的数据可以打消用户对商品的顾虑，间接提高企业的宣传效果。

法则3

非传统标题

在写作课上，语文老师会告诉学生们一篇文章有一个好标题的重要性。一个好标题可以让读者在阅读之前就对文章产生浓厚的兴趣，好标题要和内容呼应、凸显主题，既可以展示观点，又能为文章正文奠定基调。

在人们的传统认知中，好的标题应该简短有力、立意鲜明，不能喧宾夺主。虽然这样的标题对于应试作文来讲，依然是获得高分的诀窍，但对于网络文章，尤其是营销类的网络文章，这种标题已经不再适用。

《人物》杂志在美国家喻户晓，主要内容为美国名人和普通人的故事以及流行文化。《人物》杂志曾经刊登过一篇关于《哈利·波特》系列电影中赫敏的扮演者艾玛·沃特森的文章，标题为《艾玛·沃特森：赫敏之后找自己》。从传统角度来讲，这个标题简练明确，符合优质标题的标准，但是，如果将这篇文章放在网络上，能否吸引读者点击阅读，答案就不一定了。艾玛·沃特森的粉丝可能会浏览这篇文章，但对于其他人来说，从标题中已经可以大致了解文章的内容，也就没有必要再阅读正文了。

而在社交媒体上，也有关于艾玛·沃特森的文章，相比《人物》杂志上的标题，公众号文章的标题就非常适合网络阅读人群，如《拒绝英国王子后：比起当王妃，还是做自己的女王大人更有趣》这样的标题，既不简短也不明确，可以说与传统的优质标题背道而驰，但是这种标题个性十足，可以引起人们的好奇心，吸引人们点击阅读。

网络是一个巨大的数据平台，各种信息不断涌现在人们眼前，在这些信息中，人们会选择性地阅读其中一部分，而左右其选择的重要指标，就是文前的标题，标题的重要性不言而喻。

什么样的标题才算是优质的网络文章标题呢？其实在上文我们已经提到过，传统的标题不适用于网络文章，标新立异的非传统标题才能吸引网络用户。

1. 标新立异

既然是非传统标题，就要标新立异。新，不仅是指时间概念上的新，也是指体裁的新；异，是指立意要别出心裁。

优质的网络文章标题必须能够最大限度地引起用户的好奇心，提高点击率、浏览量和转发量。要达到这一点，标题的体裁和立意是最为关键的两点。

在体裁上，尽可能长或尽可能短的标题比中规中矩的标题更有吸引力；在立意上，越新奇、有趣的标题，就越能吸引用户。

在《我是歌手》的舞台上曾经有这样一首歌，由李健和岳云鹏合作演唱，歌曲名为《唐僧在女儿国抒怀并看着女儿国王的眼睛》，其实这首歌是《你的眼睛》《女儿情》《唐僧抒怀》三首歌的串烧，通过诙谐幽默的方式将这三个歌名改为一个长歌名，既引起观众的好奇心，又在无形中增加了舞台效果。

在营销文章中，标题不应该局限于表明企业经营项目这一简单目的上，设置一个标新立异、天马行空的标题才是吸引更多注意力的方法。

2. 自我约束

别出心裁、标新立异并不是毫无规则的自由创作。虽然网络文章允许"标题党"的存在，甚至企业也会利用"标题党"的拟题方法。但这并不意味着企业在网络营销文章中，可以不受限制，随意使用毫无根据的标题。

文章的标题可以新奇和个性，但绝不能脱离企业的业务范围。宣传文章是为企业营销服务的，标题也是如此。华而不实或不切实际的标题，虽然可以提高文章的点击率，但最终会招致读者的反感和排斥。

文章标题除了受到企业自身业务范围的限制，还应该遵守法律和道德的约束。企业应时刻牢记，国家利益、人民利益始终在个人和企业利益之上，企业要尊重和敬畏法律制度和道德秩序。

发掘产品话题

21世纪，营销已经不再是简简单单地推销产品，营销的重点也从销售转到了经营。企业只要把品牌和产品经营好，销售工作的难度就会大大降低，效率也会得到提高。

所谓经营产品，就是扩大产品的影响力，提高产品的价值属性以及交换价值属性。通俗来讲，就是让更多人知道和了解产品，并且卖出更高的价格。

产品本身的价值通常是固定不变的，因为产品的价值是由生产该商品的社会必要劳动时间决定的。企业要想提高产品的价值，就只能在产品的附加价值上动脑筋。

产品的附加价值是在原有价值的基础上，通过延长个人必要劳动时间而新创造的价值，一般由进行包装、提供售后服务、增加品牌效应等方法完成，其中最为常见且效果比较显著的方法就是进行包装。这里的包装不是指产品的包装盒、包装袋等外包装，而是指对产品进行宣传包装，也就是发掘并提高产品的话题性。

在网络时代，话题意味着流量。以娱乐圈为例，只有具备大量话题的艺人才是明星。而明星的名气越大，围绕他产生的话题也就越多。这就是为什么电视剧、电影团队在选角色时都喜欢用大牌明星做主演，因为他们自带较大流量，在电影或电视剧成片后，票房和收视率都有一定保障。

再比如，微博热搜（又称新浪微博热门搜索，是体现一定时间段内搜索量和搜索有效人数的一种运营功能，用户可以访问微博热搜看到完整的实施热搜榜单）也足以证明话题的重要性。微博热搜是微博对一些实时热门搜索条目的排序展示，每一条微博热搜都是一个话题。有时，某个演员的一个视频或无意间的举动会登上微博热搜排行榜，随后，话题热度可能会不断上升，伴随的"热议"和"跟帖"也会提升该演员的流量。

给演员制造话题而提升流量的方法，在企业的营销中同样适用，并且，具备大量话题的产品往往有较高的附加价值。

产品的话题属性除了可以提高产品的附加价值，还可以提高产品的影响力和认知度。

青岛崂山矿泉水有限公司是中国知名矿泉水生产企业，从20世纪50年代至今，崂山矿泉水一直是国宴和接待外宾的专用水。

崂山矿泉水最出名的产品是一款草本饮料——白花蛇草水，这是一种加入了白花蛇舌草、车叶草等中草药成分制成的饮料。这款饮料之所以出名不仅是因为其产品功效，更是因为它奇特的味道。在网络上，网友们给白花蛇草水冠上了"史上最难喝"的名号。

由于有关白花蛇草水的话题越来越频繁地出现在网络上,崂山矿泉水公司顺势做了一波话题营销,让更多用户知道了这款产品,同时也吸引更多人为了满足好奇心和挑战的欲望去尝试这款饮料。

产品的话题属性可以让普通商品的价值倍增,也可以让小众产品的名声大噪。所以企业在经营中,除了开发和生产优质产品,还要在发掘产品话题方面下功夫。

企业发掘产品话题的方法非常多,可以给产品设定一个背后的故事,也可以宣传产品的独特功效,甚至可以将产品的独特形态和味道作为话题。但是,发掘产品话题只是一个前提,产品的话题要想发挥正向作用,就必须和用户形成共鸣。

因此,企业不要盲目地进行话题宣传。虽然穷举是一种方法,但容易让用户在众多话题中迷失方向,最终失去兴趣。最好的方法是根据产品的特性去确定话题,这样既可以确保产品的话题属性,也可以将产品更直观地介绍给目标用户。

法则5

关键的十万分之三

在现代网络传播学中有一种十分有趣的法则叫作"1/9/90法则"，这个法则其实是幂律在二级传播中的表现。幂律也就是俗称的"二八法则"，如果了解"二八法则"，就比较容易理解"一九法则"。因为在20%的份额中，"二八法则"可以继续发挥作用，进而形成"1/9/90法则"。根据"1/9/90法则"，网站用户可以大致分为三类：1%的深度用户，9%的轻度用户，90%的"游客"。

其实，"1/9/90法则"具有一定麻痹性，远远没有揭示出这个世界的残酷。我们也不得不承认，互联网可以将幂率发挥到极致。

"1/9/90法则"可以继续往下推导，大致可以得出"3/200/99797"这串数字，也就得出了本节将要讨论的"十万分之三关键意见领袖法则"。比如，某网站（社群）有100000个用户，这其中大约只有3个关键意见领袖是话题的"源头"，是真正具有传播价值的用户，另外200个活跃用户（搬运工）会就他们开的"盘口"积极讨论、阐释和传播，另外9万多个用户则是纯粹的内容用户，他们一般只会"点赞"和"灌水"。

在营销学上，关键意见领袖旨在定义那些为企业宣传的专家或者业内权威人士。这些关键意见领袖掌握着比其他用户更准确、更前卫的信息内容，受到活跃用户的信任和支持，直接影响着大部分用户的购买行为。

如今，意见领袖（是在团队中构成信息和影响的重要来源，并能左右多数人态度倾向的少数人）的封号已经非常普遍，"抓住"关键意见领袖才是新媒体营销的关键。网站在吸引和招揽到"关键的十万分之三"用户后，可以进一步争取相对重要的"十万分之二百"用户，以此类推，逐步扩大用户群体。

优步公司就是靠"十万分之三关键意见领袖法则"运营成功的企业。优步公司的初始用户群体是科技媒体和互联网圈内人士，利用他们的口碑进行推广可以产生强大势能。

优步在成立半年后，已经拥有了约3000名粉丝，这些种子用户（指产品的第一批用户群体，对产品的功能和迭代帮助较大）的形成，并不仅仅建立在超级舒适的用户体验的基础上。

优步在创办初期，针对出租车服务的痛点进行产品宣传，它们最先瞄准旧金山地区，以科技社区的打车族为切入点。优步深知，科技人员为了提高生活质量，总是在寻找新的工具和服务，并且，他们是勇于尝鲜的意见领袖。于是，优步在当地的科技与投资展会上表现得非常活跃，并且赞助了一些科技活动，为参会人员提供免费搭乘服务，这些参会人员就成了优步的早期使用者。这些意见领袖会在享受完优步提供的服务后撰写博文，运用社交媒体或其他渠道，将这种新的出行方式告诉更多人。

优步创始人卡兰尼克曾提到过，优步的发展基本靠口碑营销，并没有在营销上投入过多费用，平均每7个用户就会通过口碑营销吸引1个新用户。由此可见，企业新媒体营销的主要精力应放在0.003%的关键意见领袖身上，通过这0.003%的关键用户带动其周围0.02%的核心用户，再通过0.02%的核心用户带动剩下的99.8%的用户。

随着互联网的普及，社交网站的各级门槛将越来越低，人们进行信息分享的机会越来越多，操作越来越平民化，也会有更多人为网站或社群贡献内容。而通过维护和运营关键意见领袖，势必会让企业在霸屏营销的道路上越走越顺。

那么，如何"抓住"关键意见领袖（关键用户），就成了网站和企业需要关注的问题。

1. 奖励关键用户

企业可以通过一些"利诱"的方式，让用户自觉"贡献"出自己的力量。例如，在网站或社群签到可以赢取积分，利用积分可以兑换礼品。

这种方式很常见，很多门户网站都有积分兑换政策，用户每天登录网站并点击签到即可获得积分，等积分达到一定数值后便可换取商品或获得更多权限。这种网站比比皆是，如百度、hao914网址之家等。

2. 为自己的关键用户提供材料

企业要想通过关键用户传播信息，就要不断地进行内容输出，要持续不断地给关键用户提供创作信息的模板和元素。比如，将关键用户的真实体验作为模板，可以给其他用户提供参考。企业的营销类文章不能完全由关键用户创作，需要官方提供充足的模板和素材。

3. 分配管理权

一个网站或社群的关键用户的实际价值是不可估量的。在互联网时代，几乎每个产品的推广都离不开网站或社群，现在比较知名的微信公众号、贴吧、QQ群，或者各大论坛等渠道，都需要企业安排专人进行维护，这时就可以把关键用户提升为这些渠道的管理人员，为其他活跃用户解答问题和提供帮助。

每个"关键的十万分之三"都是一个"小中心"。企业在找到这些"小中心"后，要积极维护他们，并与他们建立友好关系，以此去发展更多核心用户，利用他们的影响力帮助企业实现霸屏营销。

法则6

成瘾的鸽子与疯狂的瓶子

　　人类在社会行为中的根本动机是"奖励最大化"，奖励是对自身行为最好的引导。从心理学的角度分析，你想达成什么行为，就应奖励什么行为，这时，受到奖励的人才会按照你的想法去做。

　　斯金纳是一个富有争议的心理学家，同时也是新行为主义的创始人。他认为人的行为是可以被操控的。

　　他曾经设计过一个白色卡奴鸽实验。这些被用来做实验的鸽子大部分时间生活在箱子里，斯金纳训练这些鸽子在想得到食物的时候敲击玻璃，它们每次敲击都会得到一些食物。后来，斯金纳修改了喂食鸽子的时间，并且设定了时间间隔，比如，鸽子在第一次得到食物后，喂食系统会暂停，60秒之后，当鸽子再次敲击玻璃，才会得到食物。这些鸽子无法正确掌握系统的投食间隔，不过它们会一次次地接近这个间隔。然后，斯金纳把投食间隔改成随机的，有可能这次是60秒，下次就变成10秒，或者50秒，甚至200秒。

　　这种随机的投食间隔让等待投食的鸽子们接近疯狂，它们不断地敲击玻璃。在将近14个小时里，有一只"接近疯狂"的鸽子敲击了87000多次玻璃。但实际上，这只鸽子只有1%的时间会得到食物。

相关研究表明，人类大脑中的多巴胺会在人们有某种期待的时候增加分泌量。奖励的不确定性越大，多巴胺的分泌量越多，同时会让人类的大脑变得更专注，那些负责理性判断的神经会因此被控制；相反，会激活那些负责产生欲望的神经，使人类的行为发生转变。

微信的漂流瓶游戏就是运用了类似理论。漂流瓶游戏每天都会限制用户的游戏次数，用户每天只能捞十余次瓶子。而且，该游戏还设定了50%的失败概率，即用户不一定每次都捡到瓶子，也有可能捡到"没用的"海星。事实上，捞到的到底是瓶子还是海星并不会影响用户的体验，反而增加了这个游戏的成瘾性。这种不确定性使得该款与陌生人交友的游戏更具娱乐性，这也是漂流瓶游戏成功的关键秘密之一。想必漂流瓶游戏的研发者一定是熟读过斯金纳作品的程序员。

这种"奖励"行为同样适用于营销领域，我们常常看到企业为了获得利益而"奖励"用户的购买行为。从根本上说，这种营销方式利用了心理学基础中的控制论，我们把这种行为叫作奖励营销。

奖励营销，就是通过奖励用户的购买行为，让用户主动获取与产品相关的更多信息，同时继续购买或帮助产品进行二次传播。

众所周知，营销能达到的最佳效果就是实现用户的自我传播。奖励营销便是利用了大多数人想得到奖励的心理，最终促进企业整体流量地提升，可谓是四两拨千斤的营销手段。

常见的奖励营销可以分为有形奖励和无形奖励两种。

1. 有形奖励（实物奖励）

有形奖励是一种看得见、摸得着的物质性奖励。比如，现金奖励、奖品奖励、话费奖励等。

通过对用户的购买行为进行实物奖励，可以使用户对产品产生好感，主动为企业宣传，或者推荐其他人关注，起到很好的推广作用。

2. 无形奖励（虚拟奖励）

大家常说的无形奖励，指的是大众对某些行为的认可和赞美，或者来自人们对某项活动的激情。比如，针对某一产品或平台，只要用户帮忙转发或获取点赞数就能得到相应奖励，这些奖励包括我们常见的积分、流量等。

总体来说，用奖励营销的方法来提升用户的信息流量，是实现霸屏营销的一种行之有效的方法。

04

抢占用户心智的 5 个技巧

如今，企业之间的竞争已经不再是单纯的物质层面的对抗，物质只能反映企业的硬件实力，并不能代表企业的全部实力。企业与用户之间，在物质之上，还存在一层更深的联系，就是意识层面的联系。企业要想在现代营销竞争中赢得更多用户的青睐，除了硬件实力，还要抢占用户的心智。

广告也要有料有趣

广告，顾名思义就是广而告之的意思。广告作为一种宣传方式由来已久，市井商贩的吆喝叫卖，政府行政部门的公告都是广义的广告。而现代营销中，狭义的广告一般特指具有某种商业目的，针对某种商品的宣传行为。

如今，广告是企业惯用的宣传手段之一，在人们的日常生活中随处可见。按照媒介差异来划分，广告可以大致分为两种：一种是以实物为媒介的传统广告，一种是以各种电子设备为媒介的新媒体广告。

为什么广告可以在历史兴替中始终保持旺盛的生命力呢？因为广告具备其他宣传手段所没有的作用，那就是理性层面的感性征服。

无论广告是以何种形式、何种内容呈现在用户面前，它吸引用户的机制始终不变。广告首先会引起用户心理层面的变化，具体地说就是用户的感觉。比如，新奇有趣的广告会让人觉得有意思、好玩；呆板嘈杂的广告会引起人的不悦和不适，甚至反感。紧接着，广告会引导用户在感性基础上了解更多内容，在这个了解的过程中，用户在观看广告时产生的情感会影响其理性分析，不同的情感对理性分析的影响也有差异。

积极的情绪会让人更容易发现广告内容中的闪光点；而消极的情绪则恰恰相反，只会让人关注内容中的不足之处。

根据这个思路，企业在打造营销广告的时候，是不是只需要用一个生动有趣的故事就能影响用户的情感呢？答案是否定的。虽然感性层面的影响能够吸引用户，并给用户地分析提供导向作用，但要想让用户真正了解广告所涉及的商品，还是要靠精良的内容。

所以，优质的广告必须在具备感性吸引力的同时，还拥有经得起理性推敲的内容。

企业要想在广告中充分发挥情感的作用，就要从广告的情感因素投入和用户心理状态两方面进行把控。首先是广告本身的形式，因为广告要面向大众，所以在选择情感因素时，应充分考虑什么样的情感适合什么样的广告，完美匹配才可以最大限度地吸引用户。

一般来说，笑和哭是比较容易感染人的两种情感，大多数人会在愉悦或悲伤的情景中产生共鸣。但是，感动的情绪需要感情的深度投入，而且感动的情绪也包含了悲伤和压抑。如果在广告中加入让用户感动的情感元素，可能会使用户过分关注情感本身而忽略了内容，甚至产生消极作用。所以，不是所有广告都可以使用感动这种情绪。比如，一些公益类广告，包括杜绝酒驾广告、远离毒品广告等，都是用家庭的温暖感动受众，引起共鸣；但是，如果在一些玩具广告中使用感动的情绪去感染用户，引得一群父母或孩子热泪盈眶，明显不合时宜。对于这类广告，愉悦的情感因素更为适用。

"M豆"是全球最大食品商之一的美国玛氏糖果公司开发的一种彩色

巧克力糖果，该款糖果的特点是色泽艳丽、外形呈扁圆形，这些糖果的外壳上都印有"m"字样，如图4-1所示，所以在国内被称为"M豆"。

图4-1 "M豆"形象

"M豆"的主要消费人群是儿童和青少年，所以其广告风格也非常有趣，在广告中通常有动漫化的"M豆"形象，不同颜色的糖豆有不同的性格，比如，红色的糖豆聪明伶俐、有主见；黄色的糖豆呆萌可爱、惹人笑。这种特殊的设定奠定了其广告的幽默搞笑基调。

"M豆"的广告基本都是一个个独立的小故事，通常是围绕动漫"M豆"而发生的事件。广告总是一本正经的开始，然后戏剧化的收尾，这种冲突造成了一种有趣的反差，让观看者感受到愉悦的同时也留下了深刻的印象。

企业要根据商品的类型和用户特点去选择广告中的情感因素。在确立了情感因素之后，就要关注用户在观看广告时的心理状态。

无论企业的广告制作得多么精良，它本质上还是因商业目的而产生的。大多数用户不会像看电视节目一样去观看一则广告，在这种情况下，用户观看广告时的心理状态对广告作用的发挥也有很大影响。

从日常经验来讲，广告刚开始插播时，人们会因节目或剧情被打断而心情变差，注意力也无法集中，当广告时段快要结束时，用户的注意力才逐渐回归。所以，投放广告要尽量选择广告时段的后半段。

广告的时长也会影响用户的心理，广告太短不足以引起人们的重视，而太长又会使人们产生反感。一般来说，广告的时间应控制在15秒到30秒之间最为合适。

除了上述感性层面的广告设计技巧，对内容地打磨也是打造优质广告的必要步骤。

首先，广告内容要和情感因素形成统一。内容是情感的载体，如果内容不能和情感因素融合，会给人生硬的感觉。其次，内容有主次的区别。广告的时长有限，如果广告信息量过大，很难给用户留下深刻印象。企业要能够取舍产品信息，只保留产品的主要信息，或者对目标用户最具吸引力的信息。企业只需将产品的专业性和重要信息传递给用户，给他们留下深刻印象即可。

制造资讯债权

债权是相对债务而存在的，指的是在债务关系中，权利主体具备的能够要求义务主体为一定行为或不为一定行为的权利。与债权和债务相关的客体可以是实物，也可以是与义务相关的某些行为。

在第68届柏林电影节中，一部名为《大象席地而坐》的电影获得了柏林电影节最佳处女作特别提及奖和柏林电影节（论坛单元）影评人费比西奖。2018年，该片又获得第55届台湾金马奖最佳改编剧本和最佳剧情长片两项大奖。可是真正让这部影片走进大众视野的原因，是该片导演在获得这些奖项之前因抑郁症自缢离世。为此，金马奖组委会特意定做了一个精美的大象作为该导演的特殊奖杯。

在金马奖颁奖典礼结束后，越来越多的人开始对这个已故的导演产生极大兴趣，很多人都在说，人们欠他一些关注和认可，以至于他过去的电影作品、书籍和剧本都被人们用来缅怀和"偿还"他。

这种"偿还"行为不止出现在文化领域，在经济领域也有所展现。

比如，时下最火热的网红经济中，偿还性消费行为已经成为常态化的表现。

　　网红，是网络红人的简称，广泛存在于各种直播平台和自媒体平台中。网红经济指的是网红们通过社交媒体聚拢人气，针对广大粉丝进行定向营销，将粉丝流量转化为收益的经济模式。在这种模式中，网红通过粉丝的打赏或引导粉丝消费来获得收益，但人们为什么愿意为了一个素不相识的人去消费呢？原因就是，网红虽然不能给予粉丝实际的东西，但可以让粉丝产生情感共鸣或情感认可，这些从根源上看，都算是资讯债权。粉丝从网红身上得到了某种心理奖励后，因资讯债权的影响，会产生对网红的偿还性消费行为。

　　资讯债权的作用不仅发生在打赏模式中，也适用于现实企业的营销活动。企业可以通过制造资讯债权影响用户的心理，使用户产生偿还性消费行为。但企业区别于个人，制造资讯债权的方式也不同于个人，只不过原理是相通的。

　　创造社会价值是企业制造资讯债权的重要方法。所谓创造社会价值，就是企业在以盈利为目的的经营行为之外，做出对社会有益的行为，比如，参加慈善事业、积极响应节能减排、参与环保事业等。

　　一个愿意承担社会责任、创造社会价值的企业，也可以帮助用户间接地实现自己的社会价值。人们购买企业的产品为企业带来收益，而企业将收益中的一部分转化为社会价值，人们也就间接地为社会公益事业做出了贡献，也会因此收获满足感。而这种满足感就是企业制造的资讯债权。

如今，支付宝是大众日常消费中常用的移动支付工具之一，也是全球最大的移动支付商。根据阿里巴巴在2018年5月4日公布的财报数据显示，支付宝的全球用户已经达到了8.7亿人，在第三方支付平台市场中占据了44.51%的份额，而同样是国内主流支付工具之一的微信支付，其占据的市场份额仅为30.36%。同样是支付工具，微信支付还拥有国内最大的社交媒体——微信作为后台，为什么其占有率仍然低于支付宝呢？除了客观条件和战略差异，支付宝对公益事业的付出也是吸引用户的一个亮点。

支付宝中有一个功能叫作"蚂蚁森林"，用户可以通过使用支付宝获取虚拟的能量值，当能量值达到一定数值之后，可以换取一棵真正的树苗，而且会有专人将这棵树苗种植在土地荒漠化严重的地区，为绿化祖国添砖加瓦。

对于用户来说，人人都想成为有社会价值的人，都有实现社会价值的需求。但在实际生活中，很多人无法亲自参与到公益事业中。支付宝作为一个日常支付工具，在不额外消耗用户自身资源的前提下，可以让用户为公益事业尽一份力，何乐而不为呢？

企业可以通过创造社会价值让用户感觉自己的消费行为是有意义的。在消费的同时，让用户产生满足感，这就是企业通过创造社会价值而制造的资讯债权。

资讯债权和现实中的债权一样，需要债务才能构成债务关系，资讯债权也必须得到用户的反馈才能发挥作用。所以，企业的目标用户不同，需要的资讯债权也不同。

罗辑思维是国内一家知识服务商和运营商，提供互联网知识服务，在2017年入选了"时代影响力·中国商业案例TOP30"。从本质上看，罗辑思维是在对网络知识进行二次加工，将晦涩的知识简化、常识性的知识深化，然后回馈给用户。可以说，罗辑思维就是针对广大用户的知识运营商。

因此，对于企业来说，经营的产品不同，面向的人群也会有差异。企业在制造资讯债权的时候，要充分考虑目标用户的类型和特点。

技巧3

利用忠粉效应

忠粉是忠实粉丝的简称，表达了粉丝的忠诚度。很多人对粉丝的理解还停留在人对人的层面，但其实，粉丝的概念也存在于人对事物的层面。比如，"果粉"就是苹果公司的粉丝的简称；"米粉"就是小米公司的粉丝的简称。而忠粉则是长时间追随某一事物的粉丝的统称。

对艺人来讲，粉丝的数量代表了艺人的名气和影响力，而忠粉的数量体现了粉丝对艺人的认可度。艺人吸引粉丝的因素很多，人们可以因为艺人漂亮而成为其粉丝，也可以因为艺人的唱功好而成为其粉丝。但忠粉是在深入了解某个艺人后，仍然愿意继续追随这个艺人的群体。

艺人需要忠粉来证明自己被认可，企业也同样需要忠粉来证明自己的产品很棒。但无论是艺人还是企业，对忠粉的需求都不是单纯为了证明自己，而是为了借助忠粉获取更多的资源——艺人为了更多机会，企业则为了得到更多用户，这就是所谓的忠粉效应。

企业在利用忠粉效应进行营销的时候，必须要注意忠粉的两个不同作用，如图4-2所示。

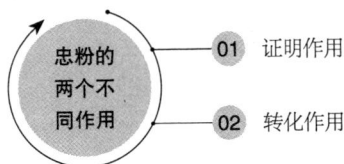

图 4-2 忠粉的两个不同作用

1. 证明作用

证明作用是忠粉的基础作用，当企业拥有了大量忠粉后，就如同拥有了大量免费的宣传人员。俗话说，众口铄金，人言的力量不可小觑。

在生活中，某人在购买某类商品时，如果身边的人推荐他某一品牌，此人会倾向于选择该品牌的商品，如果不止一个人推荐了同一品牌，那么，此人的选择倾向会倾斜得更加明显。

也就是说，忠粉可以为企业和产品进行强有力的点对点宣传，忠粉的数量越多，宣传的效果越好。

2. 转化作用

如果证明作用是忠粉的基础作用，那转化作用就是忠粉的进阶作用。

转化作用指的是忠粉自觉自愿地为自己追随的对象吸纳更多粉丝。这种转化不只是增加粉丝数量那么简单，一旦忠粉开始发挥转化作用，粉丝的增长速度是呈倍上升的。

知乎是国内著名的知识问答网站，在2017年入选"时代影响力·中国商业案例TOP30"。

按照一般思路，类似知乎这种知识问答网站，应该是开放程度越高、注册用户越多，得到的收益才会越多。但知乎在创立之初并未采取开放注册方式，而采用邀请注册方式。所谓邀请注册，指的是知乎官方会在一开始为一部分人提供注册服务，这批人大多是各领域的专业人才。其他用户想注册知乎账号，必须得到已经注册成功的用户地邀请。在这种邀请模式下，知乎在初期就得到了一大批具有专业素养的优质用户。虽然邀请模式限制了知乎用户数量的增长速度，但是却树立了知乎的专业形象。同时，因为平台早期用户量不大，所以平台提供的服务也更容易覆盖到每一位用户。邀请制下的知乎得到了用户的广泛好评，很多用户也因此成了知乎的忠粉。

随着好评度的不断上升，忠粉效应也在持续发挥作用，知乎在开放注册的一年时间里，粉丝数量激增到了四百万人。

忠粉效应带来的作用固然明显，但一切都要建立在企业拥有一定数量的忠实粉丝的前提下。所以，企业在利用忠粉效应之前，一定要积累一些忠实粉丝。那企业应该如何培养忠粉呢？

企业或品牌的忠粉往往是在长期使用产品并得到良好使用体验的用户中产生的。所以，培养忠粉要从产品使用效果和后续服务等影响用户体验的因素着手。

产品质量是根本，这是影响用户使用体验的首要因素。只有质量过硬的产品才能给用户留下好印象，促使用户持续使用同类产品。其次是完善的售后服务，产品的销售是延续性的，不能简单地认为商品从商家转移到用户手中就完成了销售，产品的售后服务也是销售的一部分，而且与用户的使用体验息息相关。优质的售后服务会给用户创造一个良好的使用环境，即使产品出现问题，用户也不会担心无法得到售后保障。

"卑鄙"的乔·吉拉德式推销术

乔·吉拉德是美国著名的推销员，拥有5项关于销售汽车的世界吉尼斯纪录。从推销员的身份来讲，他已经可以用"伟大"来形容了。

在20世纪70年代，乔·吉拉德式推销术风靡一时，该方法的重点是利用信息的不对称性来获取潜在用户的个人信息，从而达到了解用户需求，以便后期跟踪回访的目的。乔·吉拉德会通过电话簿上的电话号码和陌生人取得联系，并利用谎言在自己与受访者之间建立联系，因为信息的不对称性，受访者对来访电话的信任度较高，从而产生沟通。在沟通中，乔·吉拉德会通过各种各样的问题从正面或侧面探询受访者的个人信息和需求。在沟通结束后，他会根据得到的信息定期对之前的受访者进行跟踪回访。他以这样的方式积累潜在用户，当潜在用户达到一定数量后，量变就引起了质变，潜在用户会转化为现实购买力。

这种做法在信息相对闭塞的20世纪70年代，确实不失为一个好的推销方法，但建立在谎言之上的乔·吉拉德式推销术也绝对可以称之为

"卑鄙"的推销手段。但是现在，这种推销手法已经不再拥有发挥作用的环境了。

科学技术的进步以及生产力水平的大幅上升，使得很多产业出现了产能过剩、供大于求的现象。这种供需关系下，用户的选择范围越来越大，眼光自然也越来越高、越来越挑剔。消费行为的产生也不再仅仅出于需求，用户的心理因素日渐成为影响消费决策的重要因素。在互联网技术高度发达的今天，人们想了解某类商品时，只需在智能设备上检索一下就可以了，甚至不需要销售人员的专门讲解。因此，乔·吉拉德式推销术已经不再符合现代营销的要求。

如今，企业或品牌已经不再局限于影响用户的需求，而越来越重视对用户心理的影响。通过营销手段将产品的信息、企业的理念，乃至品牌的调性渗透到用户的内心和头脑中，影响用户的心智，已经成为扩大营销成果的重要方法。这也是现代企业对宣传、曝光如此重视和热衷的原因。

说到宣传，就不得不提到软文这种新型网络宣传手段。顾名思义，软文就是一种软性广告，是相对硬性广告而存在的。不同于硬广的简单直接，软文更注重内容和广告的融合，用更委婉的方式进行宣传，以期达到"润物细无声"的效果。

我们经常会在一些新闻资讯或科普文章中发现软文的存在，比如，讲解某种疾病的文章，文章前半段与疾病相关，而在文章后半段，当提到治疗方法的时候，总是会明显或隐晦地提到某种药物，那这篇文章就极有可能是这种药物的软文。但是，这类软文的质量通常不高，与其说是内容与广告的结合，倒不如说是文字的简单堆砌。真正高水平的软文

应该是靠内容吸引人的文案作品。企业或品牌在创作软文时，要从以下
两个细节入手，如图4-3所示。

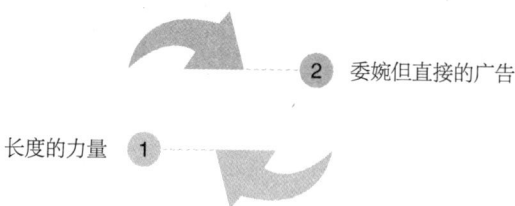

2 委婉但直接的广告

长度的力量 1

图 4-3　打造软文的两个细节

1. 长度的力量

在一篇软文中，内容就是载体，其形式多样，可以是资讯、八卦、
科普知识等。但凡能够与企业、品牌或产品产生联系的内容，都可以成
为软文的载体。但载体的选择也有规则，因为软文的最终目的是吸引用
户并进行宣传，所以作为载体的内容就必须具有吸引力。

想通过软文内容吸引人，首先就要保证内容的充实度，其次要确保
内容具有说服力。这两者都与一个因素有着密切联系，那就是内容的长
度。充实度和说服力往往与内容的长度成正比。

现在有很多小说都被翻拍成电视剧，尤其是经典的武侠作品，如
《射雕英雄传》《笑傲江湖》等小说已经被翻拍了不止一次。但同一类型、
相同作者的作品，有的被翻拍数次，有的却鲜有翻拍，如《连城诀》《鸳
鸯刀》等，这是为什么呢？其实道理很简单，《射雕英雄传》和《笑傲
江湖》属于长篇小说，篇幅长、内容充实、人物鲜明、剧情跌宕，有很
多经典的场景可以进行翻拍。而《连城诀》和《鸳鸯刀》等属于中篇小

说，剧情简单、人物少、冲突少，吸引人的情节比较少，所以翻拍的价值不高。

在软文中也是如此，长篇内容能够延长读者的阅读时间，让内容可以多次地与读者"交流"，增强软文的说服力。但我们在之前也提到过，现在的用户已经越来越没有耐心阅读大段文字了，想让读者静下心来阅读一篇长文，必须给读者阅读下去的动力。有趣的形式、出色的文笔，或者包含某些有用信息，都是吸引读者阅读长文的法宝。

2. 委婉但直接的广告

如果说软文的内容是吸引用户的外部因素，那么引导用户消费的广告就是软文的核心价值。我们应该如何设置软文中的广告呢？

一篇优质软文应该适当展现软文中的广告属性。软文中的广告是为了引导用户将注意力转化为现实消费力而存在的，所以软文中的广告是必要的。如果隐藏软文中的广告属性，用户在阅读软文之后连广告都没有发现，这种软文又有什么意义呢？软文中必须包含广告属性，但不能过于突兀，最好与内容相结合，委婉地展现在读者面前。

技巧5

意见领袖是怎样炼成的

意见领袖是指在团队中传播信息并影响其他人意见和动向的少数群体。这个理论是美国社会学家拉扎斯菲尔德在20世纪40年代提出的。

拉扎斯菲尔德曾经就美国总统大选，对美国选民进行了调查研究，他发现影响选民选择的主要原因并不包含竞选活动的宣传。只有约8%的选民在竞选的宣传活动期间改变了选择，而这个改变也并不因为竞选活动的宣传，是因为受到其他人为因素的影响。其余绝大多数选民在竞选活动初期就已经确立了自己的投票意向。最终的调研结果显示，一小部分选民的意见才是影响大部分人投票选择的主要原因，而竞选的宣传活动并未产生多大的影响。

这一小部分选民之所以能够影响到其他大多数选民，是因为他们在竞选信息和民众之间起到了意见领袖的作用。这些人比起声势浩大的竞选宣传活动，更容易让选民们信任。

拉扎斯菲尔德的研究在一定程度上证明了意见领袖对信息传播的重

要意义。那为，为什么意见领袖如此重要，什么类型的意见领袖值得被信任呢？如图4-4所示。

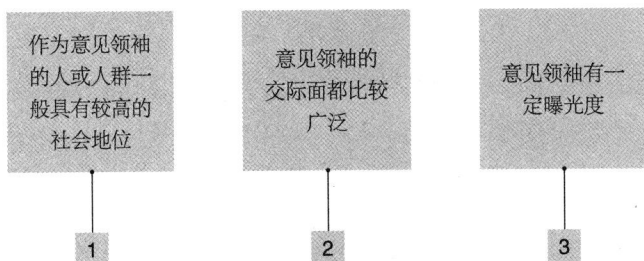

図 4-4　为什么意见领袖如此重要

1. 作为意见领袖的人或人群一般具有较高的社会地位

较高的社会地位是一个相对的概念，具有一定区域性，比如，一个家庭中的长者、一个公司的管理人员、一个国家的领导人等都在其列。而较高的社会地位代表着这个人的经验与阅历相对丰富，道德品质也得到过证明，所以人们对这类人群往往心怀敬意，愿意去相信他们。

2. 意见领袖的交际面都比较广泛

一般情况下，意见领袖是信息与大众之间的媒介，因此，意见领袖通常会有比较宽广的人脉资源和较强的社交能力，信息的来源也比较多样。而且相比高高在上的"信息源头"，意见领袖与民众的距离更近，与民众的关系更密切，出于对意见领袖社交能力的认可，意见领袖获取的信息对大众来说有很高的可信度。

3. 意见领袖有一定曝光度

意见领袖在群体中有一定曝光度，他们经常出现在人前，其在大众面前发表自己看法的机会也比较多。民众受到潜移默化的影响，对意见领袖的信任度较高。

对企业来说，传播营销信息也需要意见领袖的力量。企业利用意见领袖扩大影响力的方法一般有两种。

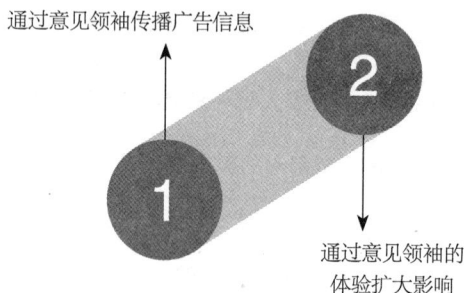

通过意见领袖传播广告信息

通过意见领袖的
体验扩大影响

图 4-5 企业利用意见领袖扩大影响力的两种方法

1. 通过意见领袖传播广告信息

广告，尤其以人物代言为主的广告，就是常见地利用意见领袖来传播信息的手段。利用某一领域内出类拔萃的人物作为产品代言人，其实就是利用这些人在自己领域的意见领袖作用来引导大众消费。

耐克是全球著名的体育用品品牌，经营范围涉及运动服装、装备、设备等方面。而耐克在明星代言方面也做得非常到位，其代言人涉及的领域广泛而且极具代表性。比如，篮球运动员勒布朗·詹姆斯、电子竞技选手"UZI"等，都是各自领域中出类拔萃的人物。而这些代言人在广告中展现出对产品的认可，也会通过意见领袖的传播作用传达给大众，从而影响产品的销量。

2. 通过意见领袖的体验扩大影响

企业除了可以通过意见领袖传播广告信息，还有一种可以利用意见领袖进行宣传的方法，就是通过意见领袖的体验，将产品体验传达给大众。

网易游戏是国内著名的游戏开发公司，同时也是世界七大游戏公司之一。网易游戏推陈出新的频率非常高，平均每年都有两到三个游戏进入市场。我们都知道，游戏公司的新游戏经常会有内测环节，就是通过给予部分玩家内测账号，邀请玩家对游戏进行测试体验，然后根据测试结果进一步完善游戏。但网易游戏有一点不同于其他游戏公司，一般游戏公司的内测账号都是限量而不限人的，内测名额先到先得；而网易游戏的内测账号一般优先选择其资深用户。

前者虽然可以扩大内测的覆盖面，但很难保证所有用户都能坚持进行测试，有样品缺失的风险；而后者的做法则不会出现这种情况，资深用户就相当于网易平台上的意见领袖，尤其是一些有一定名气的玩家。邀请这些人进行测试，并将游戏信息反馈到论坛或其他平台的时候，意见领袖的看法会在很大程度上影响等待游戏开放注册的用户。

企业在利用意见领袖的作用进行宣传时要注意，意见领袖不是单一分布的，而是按照层级分布的。也就是说，在一个团体中，人群是按照层级划分的，每一个层级都会有自己的意见领袖。因此，企业在利用意见领袖扩大传播效果的时候，要注意兼顾不同层级。

05

厘清霸屏广告的 3 大原则

广告是企业宣传的常规手段之一，几乎所有企业都会在广告宣传上投入资金，但广告宣传效果的好坏并不取决于资金投入的多寡，而取决于广告设计是否符合企业的气质，是否能够应对市场的挑剔，最重要的是能否得到用户的青睐。请明星代言、特效投入、蹭热点、造噱头等都只是广告制作的基本方法，最重要的是要厘清广告制作的原则。

原则1

网上饕餮客

人们对高热量食物的追求，可以追溯到远古时期。但是，随着现代医学的发展，人们逐渐意识到高热量食物会导致肥胖和其他不利于健康的问题。所以，大多数人会主动或被动地克制自己对于高热量食物的欲望。

但是，当人们通过电子设备点餐时，因缺乏外部监督，这种克制通常会减弱。在缺乏外部监督的情况下，人们还是更倾向于满足自己的本能欲望。

在网络时代，人们的网络消费通常是在匿名情况下进行的。用户通过计算机或手机获取商品信息，通过计算机或手机的屏幕完成消费。用户不需要在公共场合进行消费，不需要在他人面前进行消费，甚至连商家都无法获取用户的全部真实信息，这样一来，对用户的外部监督几乎为零，用户也因此可以自由地满足自己的消费欲望。

这种由网络消费塑造的匿名消费行为，对众多以网络销售为渠道的行业产生了或多或少的影响，以至于这些企业在制作广告或商品详情页的时候，会充分考虑匿名效应的影响。那么，如何在匿名效应下完成企业的霸屏营销计划呢？如图5-1所示。

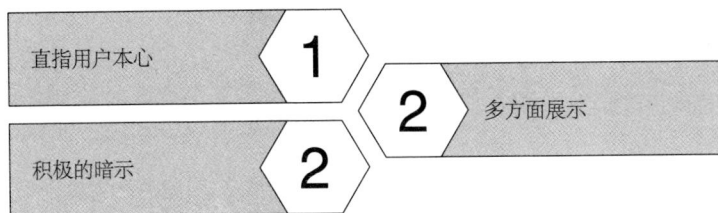

图 5-1　匿名效应原则在霸屏营销中的应用

1. 直指用户本心

匿名效应下，用户敢于展现自己的真实需求，一些不太愿意展现于人前的需求会转而在网络消费中实现。

举一个简单的例子，体重超标但并未达到肥胖程度的用户，以女性为多，他们通常不愿意承认自己体型偏胖，但他们确实需要大码服装。所以，针对这类人群的网店店家，通常会用"微胖""显瘦"等关键词置于产品介绍中，吸引用户。用户既可以匿名购买适合自己的服装，又可以因"微胖"和"显瘦"这样的字眼得到一种心理满足。

而真正肥胖的人，通常能够认识到自身的体型问题，也明确知道自己需要的衣物尺码。这种类型的用户倾向于选择网络匿名购买的原因一般有两种：一是因为实体店铺以均码或普通尺码为主，很难找到适合自己的服装；二是因为心理原因，这类用户不愿意在别人面前暴露自己由于肥胖而产生的特殊尺码需求。通过网络匿名购买，用户可以放心大胆地承认自己的服装尺码。针对这类用户，网店商家会在产品介绍中使用"大码"之类的字眼，直接点出用户的需求。

匿名消费保护了用户的私密信息，从一定程度上可以打消用户的顾虑，用户也可以相对自由地按照自己的真实需求检索商品并消费。所以，针对这种消费行为的广告，必须直指用户的本心，将用户最需要的产品特性以直白、直接的形式展示出来。

2. 多方面展示

匿名消费过程中，买家和卖家在屏幕的两端，双方不知道对方的真实形象。用户只知道对方可以提供自己所需的商品，而企业对用户的需求并不能完全知晓。这种方式虽然保护了用户的隐私，但是增加了企业确定用户需求的难度。

一般情况下，用户在选择商品时，除了满足自己的基本需求，还会考虑商品的其他因素，如商品的外形、颜色、款式等。在面对面的购物形式中，商家的导购人员可以通过目测、试用等各种各样的方式来确定用户的具体偏好；但匿名消费行为中，企业或商家就丧失了这种优势。因此，企业在广告中应该尽可能多方面地展示自己的产品信息，为用户提供更多、更具体的信息。

安踏是国内的运动产品品牌，在国内有着不错的口碑，也是中国职业篮球联盟CBA的球鞋赞助商。安踏在自己的球鞋广告中通常会展示球鞋的不同细节，包括颜色、鞋底、减震功能等。对于购买球鞋的用户来说，这些都会成为刺激他们购买的因素。安踏通过全面、全方位的展示，可以最大限度地吸引用户。

广告的作用是宣传产品，广告中对产品的描述越具体、越透彻，吸引用户的因素就越多，吸引用户的机会也就增加了。

3. 积极的暗示

为网络消费而设置的广告，既要适应消费需求并对产品进行全面展示，还要给予用户一些心理暗示。因为用户在网络购物时，其实是一种"盲"的状态，用户在收到商品之前，实体商品是否与商家描述相符，是否满足自己的需求，都还是未知的。所以，企业要适当地在广告中给用户一些暗示，以消除用户因不确定感而改变购买意向。

比如，企业可以在广告中提示实际商品与图片无色差，或者在醒目位置标注企业可以提供完善的售后服务等，这些都可以在一定程度上消除用户的担忧，提高商品的成交概率。

无法抗拒的三种元素

2017年,《当代生物学》杂志的网站上刊登了一篇关于婴儿产前视知觉的研究报告,证明了人类在出生前就具备了被脸或类似脸的图形吸引的机制。而在这之前也有研究表明,婴幼儿对于脸或类似脸的形状的物体具有特别的注意力。

人们把演艺圈内偏爱年轻、帅气、漂亮的流量明星的现象,总结为一句话:"这是一个看脸的时代"。其实,我们始终都处在一个"看脸的时代",不只存在于演艺圈,在社会的每一个角落,甚至在营销宣传中,这一机制一直发挥着重要作用。

在广告学中有一个著名的"3B原则"理论,由被称为"广告教父"的英国人大卫·麦肯兹·奥格威提出。"3B原则"指的是三种可以引起用户注意的广告元素,分别是美女(Beauty)、动物(Beast)、婴儿(Baby)。

1. 美女——异性的诱惑吸引

现在来看，"3B原则"是片面的，因为大卫·麦肯兹·奥格威在提出这一理论时，男性是主要的消费群体，而如今，女性也已经成为非常重要的消费群体。美女原则可以推陈出新为强调异性的吸引力，引申为"美女和帅哥原则"。

企业通常会邀请占绝大部分性别比例的目标用户的异性明星来录制广告，以此吸引绝大部分目标用户的注意力。比如，汽车行业在宣传推广时，倾向于使用女性模特，就是因为汽车的目标用户以男性为主，而女性模特可以吸引更多男性用户的目光；再比如，VIVO是一个主打拍照功能的手机品牌，目标用户自然是以喜欢自拍和拍照的女性群体为主，因此，VIVO的代言人多以帅气的男性明星为主。

虽然广告中非常普遍地使用异性吸引的方法，但并不是所有类型的产品都可以这样做。例如，一些男性或女性专用的产品，由异性来展示会显得格格不入。而且我们也要注意，在明星代言的影响力超越了异性吸引力的时代，明星对粉丝的吸引力也可能是不分性别的。

2. 动物——自然的个性展示

动物形象是广告中的常用元素。随着经济发展和城市化水平的提高，人类与自然的距离越来越远，而动物仍然保持着自然习性。人类把动物身上的习性上升成一种人类的个性，试图用拟人化的形式展示动物的个性。比如，老虎代表威严，狮子代表强大，熊猫代表憨态可掬等。虽然人类从自我角度对动物的理解不一定正确，但这种认识却能深入人心。

2018年，国内厨电品牌方太为自己的抽油烟机产品做了一组特别的宣传海报。在海报中，不同动物的个性代表了产品的不同性能。方太用动作敏捷、擅长捕猎的猎豹代表了产品对油烟的强大吸力；用食量巨大的大象代表了产品出色的排烟量；用速度极快的游隼代表了产品的快速排烟能力；用行走无声的老虎代表了产品在工作时噪声低的特点，如图5-2所示。

图5-2 方太的宣传海报

使用动物的象征意义去形容或描绘一个事物，比直白的语言表达更具象化，也更能被人们理解和认可。

3. 婴儿——童真的感动体验

动物都有保护幼崽的本能，人类也不例外。成人对婴儿或儿童通常会特别关注，尤其是已经为人父母的成年人。在成年人眼中，孩子的一举一动都带着涉世未深的童真与单纯，这些稚气的举动能够引起他们对过去生活的怀念和感动。所以，在广告中加入婴儿或儿童元素，可以在一定程度上提高广告的感染力。

曾有一位伊朗的女艺术家，以"我有一个妈妈"为主题拍摄了一组照片。这组照片并不是广告，也不取材于真实事件，却在传播后感动了无数网友。其中，最直击人心的是这样一张照片，一个小女孩，在地上画了一个妈妈的形象，然后躺在画中的妈妈的胸口上睡着了。没有任何语言表达和剧情描述，但我们可以从中受到巨大的感染，对母爱的渴望溢于言表。试想，如果将照片中的小女孩换成一个成人，照片的感染力就会大打折扣，如图5-3所示。

每一个孩子都是天赐的礼物，他们带着成年人已经失去的天真与单纯，用简单的动作就可以勾起成年人的内心波澜。

图 5-3 "我有一个妈妈"主题摄影作品

原则3

视觉热点与视觉冰点

通常情况下，一个屏幕上总会同时出现视觉热点区域和视觉冰点区域。我们总是容易在第一时间被视觉热点区域吸引，而忽略了视觉冰点区域。

在任何一家超市里，那些能为老板带来更多利润的商品总是被放在人们视线最集中的区域。比如，在玩具区域，玩具摆放的位置是根据儿童的视线决定的，这样做是为了让小孩能更容易看到玩具，催生他们购买的欲望。这就是利用了视觉热点效应。

人们所说的视觉冰点往往处于视线的边缘区域。每个企业都不希望自己的产品被放在视觉冰点区域，更不希望降低商品被选中的概率。

这种视觉偏见的作用在数字时代被放大。尤其是在手机、计算机，或者其他电子产品的屏幕上，视觉偏见的影响作用越来越大。因此，我们可以借助视觉偏见作用实现视觉营销。

视觉营销，顾名思义，就是通过视觉的冲击来提高用户的兴趣，从而推广某种产品。传统行业里运用的视觉营销，主要侧重陈列师对产品所处环境的布置，以及摆放主题的设计。但是网络中的视觉营销，需要考虑的因素很多，集合产品设计、用户体验、信息构架为一体，更加重视对买家心理的把控和视线区域的设计。

在对产品进行广告宣传时，让人们看到你的广告是最常规的做法，但是要让广告信息出现在人们的视觉热点区域并记住你的产品，并非易事。以下提供一些技巧，告诉你如何利用视觉热点进行营销，如图5-4所示。

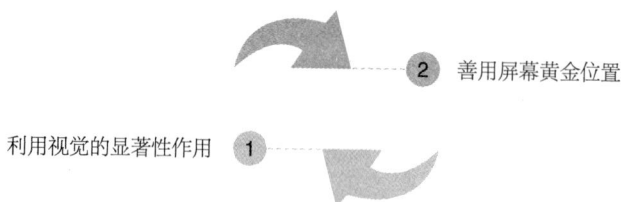

利用视觉的显著性作用　①

②　善用屏幕黄金位置

图5-4　利用视觉热点进行营销的技巧

1. 利用视觉的显著性作用

企业若想成功设计一款产品的霸屏广告，达到增加产品销量的目的，就应该把商品广告放在屏幕中人们视线最集中的区域。

有研究显示，人们注视屏幕时能够被外界因素影响。有时视觉上的显著变化会让人们做出违背自身爱好的选择。比如，有些人在生活中会一边浏览网页一边购物，这时候，视觉偏见的作用会被扩大，他们此时选购的物品可能并不是他们真正需要的，而是被视觉的显著性影响。这也说明，人们盯着屏幕时，总是习惯被特定区域吸引，视线选择处于弱势。

所以，企业利用视觉的显著性找到视觉热点区域投放广告，能够有效实现霸屏效果。

2. 善用屏幕黄金位置

在我们的视觉系统中存在着一种视觉模式，被科学家称为中区偏见，也被称为视野中的黄金位置。它与我们的视觉行为相关，并且影响我们的判断。

在超市里有这样一种现象，产品方入场后，超市会根据其交费的多少，确定商品陈列的位置。通常情况下，货架的中心区域更容易被用户重视，相应的销量也会更好。因此，产品方会争相选择货架的中心区域，也愿意为此缴纳更多费用。

我们在浏览网页的时候更容易将注意力集中在屏幕中央，这时，屏幕中央就是我们的视觉热点区域。在这个更加依赖视觉作用的时代，人们往往更加在意视觉中区的营销内容，无论是屏幕上的色彩，还是数字大小，都直接冲击着人们的视线。

善用屏幕上的视觉热点，可以帮助企业更好地发布广告信息，从而实现产品信息的霸屏营销。

第六章

营造热门社群的 5 大方法

在没有互联网的时代，人类社会就存在社群现象。那时的社群，就是一群拥有相似爱好的人，因某些原因聚集在一起。而今天，基于互联网经济模式下产生的社群经济，逐渐成为一种新型商业模式。怎样进行社群营销，引起了众多企业的关注和探索。

方法1

分类激励，金粉优先

一个成熟的社群总会呈现出层级递进的金字塔式结构。打造热门社群营销，就要对所有用户进行分类激励，实行金粉优先的原则，即核心用户可以拥有一定特权。企业只要守住最基本的核心用户，流量自会纷至沓来。

金粉是如何定义的呢？我们以微信为例来具体说明。

1. 路人

从第一次发现企业账号后就没有任何联系，后期也不再关注。

2. 观察者

刷微信时，偶尔会关注企业的新信息。

3. 关注者

经常查看企业信息，并时常互动留言。

4. 追随者

经常查看企业信息，愿意购买该企业的产品。

5. 铁粉

愿意购买该企业的产品，并且有很多线下交流。

6. 金粉

非常认可企业的产品或服务，自愿为企业做推广。

我们常说，100个"我爱你"，胜过10000个"有点喜欢你"。金粉就是对企业说"我爱你"的粉丝，这也是金粉的魅力。因此在运营社群时，企业要给予金粉（核心用户）特殊的待遇，如图6-1所示。

为核心用户开放特权 ------▶

------▶ 提升用户的质量和忠诚度

图 6-1　对核心用户实施的特殊待遇

1. 为核心用户开放特权

2011年小米手机正式发布，销售的火爆程度超出大家的预料。但在这种火爆程度的背后，却隐藏着个隐患，那就是小米和"米粉"之间的信任危机。新款小米手机发布后，很多核心用户和小米的忠实粉丝很难买到一台新手机。为了解决这个问题，小米公司在论坛上发放F码，甚至为此开设了后台系统，只为给核心用户提供购买手机的绿色通道，这些拥有F码的用户可以优先享有购买权。

小米公司的这一做法就是利用了金粉优先原则，其发放F码就是为了给核心用户提供优先购买权和体验权。

后来，也有不少企业效仿小米公司的做法，但都没有习得小米的"真经"，也没有收到很好的效果。原因在于，小米公司在做论坛之初，就拥有100多人，而这些人就成了小米粉丝群体的"基本盘"，也就是小米的金粉。如果没有这些金粉的拥护，就算设置了F码，也不一定会取得很好的效果。

为核心用户提供特权，让他们得到尊重并参与到活动中，让他们拥护和认可企业，可以有效帮助企业扩充用户数量。

100个金粉能带来一系列"社群繁衍"，其结果就是带来更多用户，而且，新增的用户数量一定大于流失的用户数量。这时，企业就有了在市场上抢得一席之地的能力。

2. 提升用户的质量和忠诚度

前文提到的小米案例给我们一个启发：企业想通过社群进行营销，就要对自己的社群用户实行分类激励。除了给核心用户一定特权，还要提升他们的质量和忠诚度，由此我们才能获取更多流量。提升用户的忠诚度就是提高用户的质量。而提高用户质量需要企业了解用户所想，为用户提供心满意足的服务，并通过一对一的沟通方式让用户产生被重视的心理。

提升核心用户的忠诚度非常重要，毕竟没有企业愿意失去自己的金粉。在粉丝经济时代，企业能够掌握用户的心理，就等于抓住了市场；企业拥有的用户数量越多，占有的市场份额就越大；企业的用户黏性越强，发展的脚步就越快。因此，进行社群管理，一定要做好核心用户的维系，给予核心用户特权是一个不错的方法。

方法2

100金粉理论

这是一个粉丝营销时代，一个企业的成功离不开众多用户的情感维系，为用户打造属于自己的热门社群，做好粉丝管理变得尤为重要。

人类历史中的圣人，会对自己的粉丝进行分层管理。比如，耶稣有无数追随者，但他只收了12个核心追随者；我国著名的孔夫子，门下有3000名弟子，最终进入核心层的也只有70多人而已。

其实，管理粉丝不能盲目追求粉丝数量的增长，而应侧重管理已有粉丝。最重要的是和粉丝打成一片，与他们做朋友。大家都知道美国著名出版人凯文·凯利提出的1000粉丝理论。

但是，有些企业在营销初期并没有精力管理1000个粉丝。因此，粉丝数量不是最重要的，最重要的是粉丝的质与量的关系。这里我大胆提出，企业拥有100个忠实追随者足矣，只要维护好这100个核心粉丝，企业就可以取得一番成就，这就是我的100金粉理论。

企业要想打造一个属于自己的热门社群，首先要把控好粉丝的质量。关于粉丝的质量，要注意以下几点要求，如图6-2所示。

图 6-2 如何把握粉丝质量

1. 精选社群内意见领袖

首先，在一个成功的社群里，一定要有不同能力的用户来承担不同任务。一定要精挑细选群内的意见领袖。就像做综艺节目时，需要不同角色的嘉宾来配合。在这些意见领袖之间形成讨论，甚至冲突等，能够保持一个社群的基础活跃度。企业可以根据自己社群的定位和用户结构，在用户群中挖掘那些活跃度高、产出高的意见领袖。

2. 做好核心用户的互动

核心用户的最大特点是从不需要报酬，并且和企业之间不存在雇佣关系。因为核心用户认可企业的产品，所以会免费帮企业进行传播和宣传。一个小社群通过管理社群活动，可以逐渐发展成一个大社交圈，企业要做好与用户的互动，才能加大品牌的影响力。

企业可以组织线下的互动活动，通过用户与用户之间的关联，促进小社交圈变大。在组织活动的同时，企业也能将产品的价值传播给用户，从而得到持续的粉丝输入，形成良性的"粉丝循环"。

当某些核心用户感受到产品的使用价值和效果后，会把他所知道的产品信息传播给更多的朋友，从而形成口碑传播。

小米公司在创业之初是从设计软件开始的。早在2010年8月，小米的第一版MIUI召开发布会，那时他们只有100个用户。而这100人，就是小米最早的核心用户。到了2011年，小米手机已经拥有了50万个用户，这时的小米公司已经在大众心中赢得了很好的口碑，也积蓄了足够的初始势能，为小米的发展奠定了粉丝基础。小米的100个金粉就相当于一种原始的检测机制，能够帮助企业保持原始用户的数量和质量。

类似于小米公司的企业还有很多，核心群体带来的口碑势能也可见一斑。如Airbnb公司和Uber公司，它们在创办之初都不会盲目招新，而是耐心地运营自己的社群。在热门社群形成的早期，它们会用心经营每一位早期用户，久而久之，这些用户就成了金粉，逐渐为企业积累口碑，最终会帮助企业塑造良好的品牌形象。

那些能够帮助企业塑造口碑的用户就是企业需要重视的核心用户。他们能够帮助企业传播更多有价值的信息，比企业直接推广更有效。

充分利用我国现有的网络环境，找到属于我们的100个金粉，得到用户认可后，让用户帮助我们推荐和传播产品。因为每个金粉都有与其消费需求基本一致的朋友，所以，金粉的朋友也是企业的潜在用户。企业可以遵循100金粉理论，为自己打造一个热门社群。

方法3

像经营社团一样管理社群

人的本质是一切社会关系的总和，而社群营销就是在营销"人"。现在很多社群都在盲目地营销"货"而忽略了"人"，这种方式并不可取。企业若想做好社群，就要先营销"人"，再营销"货"。

在本节，我们应该回到社群营销最初的定义，即依靠某种社交媒体，形成一定的社交资产，通过不断积累流量和运营，最终实现变现。失败的社群营销者总是在盲目地营销产品，粗暴引流；成功的营销者则会极力促进社群管理的良性循环，从最初的社群引流、日常维护、形成口碑、促进社交资产营销，到最后实现变现，一步步积累，最终形成稳步增长。

那么，怎样形成社群管理的良性循环呢？我们有以下几种方法，如图6-3所示。

1. 建立一个能够聚集所有用户的公共平台

首先，企业需要打造属于自己的社群，将自己所有的直接用户和间接用户都聚集到一个平台，为他们提供企业的线上交流平台。接着，企业可以通过用户测试，获取用户的产品意见，了解大部分用户的具体需求。通过对线上平台的经营，企业可以进行产品营销和用户运营。

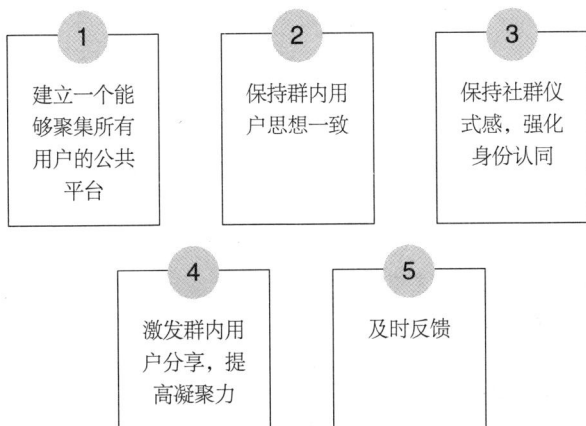

图 6-3　形成社群管理良性循环的五种方法

2. 保持群内用户思想一致

互联网时代，社群种类繁多，社群成员因共同的兴趣爱好或相同目标聚集在同一平台，在这个平台上沟通和交流关于某种产品或现象的看法。

保持群内成员思想的一致性，利于获得他们对整个社群的价值观的认同，这虽然不是社群营销的关键，但却关乎整个社群营销的终局判断。

3. 保持社群仪式感，强化身份认同

社群是一种关系属性，可以帮助企业沉淀用户。建立进入社群的标准十分必要，不但能够保证社群的质量，还能让社群成员有仪式感，获得身份认同。比如，有些社群采用收费入群的方式，新成员进群后会有相应的欢迎仪式，社群成员间有较强的相互认同感。

企业给社群设置门槛，目的之一是筛选同一类型的用户，对后期营销也十分有利。其次，进群的仪式感也象征一种承诺，群内用户为这个承诺付出的努力越多，用户自身的存在感就越大。换言之，仪式感是能够有效强化群内成员身份认同感的一种重要方式。

斯坦福大学的艾略特·阿伦森曾进行过一项研究，主要内容是研究加入者对社群的喜爱程度是否受社群管理标准的影响。

首先，他找到60位志愿者参加这项研究，并准备了三种社群管理的方式，他们可以选择其中一种方式。这三种社群的管理方式不同，一种是很轻松的方式，一种是非常严苛的方式，一种是没有任何要求的方式。

管理制度严苛的社群里，这些志愿者被要求大声朗读一些露骨之词，对于20世纪50年代的女性来说，这项任务带给她们的压力非常大；而在另一个社群里，志愿者被要求朗读一些诗词，志愿者都可以轻松完成任务；除此之外，还有第三组进行实验对比，这个社群对志愿者没有任何要求。经过研究发现，那些被严苛要求的志愿者对自己的社群评价远远高于其他两组，他们对社群会有一种强烈的归属感，也更加重视自己的身份。

4. 激发群内用户分享，提高凝聚力

社群的仪式感能够凝聚一群人共同做一件事，社群成员除了拥有共同的使命，还会在群内积极分享信息。比如，社群成员分享自己的资源、见闻、绝活等，能够充分发挥社群的价值，提高群内成员的凝聚力。

5. 及时反馈

企业可以在社群里设置相关人员，针对群里的分享及时跟帖（指在发表的帖子后面，写上自己的意见，也称回帖）和总结，或者对群里的互动进行鼓励。在每次社群分享后，企业需要有专人进行整理，方便成员日后查找；也可以建立社群的CRM系统，帮助社群成员解决问题。

优秀的社群是让"对的人"在一起做"对的事"，通过情感联系，可以让弱关系转化为强关系。企业要为社群成员建立归属感和优越感，才能留住成员，促使他们自发地传播社群和产品，吸引更多新用户进群，这也是打造社群营销的基础。

方法4

众筹，筹的可不仅仅是钱

众筹最初的含义是指：众多用户针对某一产品发起邀约订购，并给厂家提供自己的需求和建议，厂家接单后，要为用户提供产品的生产排期。而在营销活动中，我们也引申出众筹营销的概念，从字面的意思可以理解为用大家的智慧来营销。

具体来说，众筹营销就是以用户的基本价值为基础，发布产品的众筹信息，与所有参与者共同营造出具有社会化模式的营销方法。它将众筹发布者、企业，以及用户联系在一起，利用众筹平台形成了一个以产品为核心的社群。

从本质上看，众筹和营销能够完美结合。众筹也逐渐成为产品上市、用户参与、口碑传播、产品销售等多种营销活动的新手段，逐渐成为一种新型的高效营销途径。那么，在众筹平台上进行网络营销的意义是什么呢？如图6-4所示。

1. 加深用户参与感

基于众筹的特点，企业能够有效地整合外界资源，并运用到产品营销上。在众筹环节，用户可以转换身份，变成产品的设计者和投资者。用户通过众筹平台，可以增强自己的参与感，加入产品的设计、生产和销售环节中。

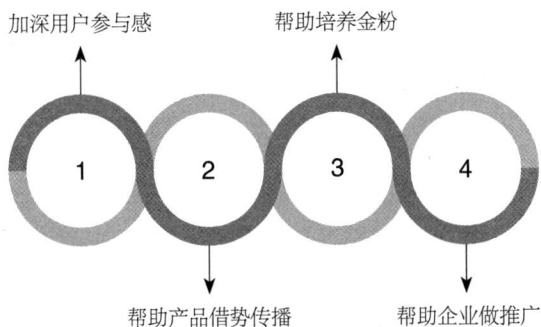

图 6-4　在众筹平台上进行网络营销的意义

乐视是最早进行众筹营销的企业。实际上，这种众筹模式是针对小米公司的饥饿营销（指商品提供者有意调低产量，以期达到调控供求关系、制造供不应求"假象"，以维护产品形象并维持商品较高售价和利润率的营销策略）发展而来的。乐视的众筹营销具有其自身特点：一是允许用户根据自己的需求提出意见，乐视可以有针对性地生产；二是改变传统的批次生产方式，变成按照订单进行生产。这种营销模式让乐视的用户数量大增。

2. 帮助产品借势传播

产品在众筹平台上线之前，应该采取一些营销措施，比如，提前告诉目标用户，企业打算发布一款他们喜欢的产品，并且告知他们这款产品的优点，以及产品发布的具体的时间和地点。如果还存在其他有利的外部条件，企业也可以借势传播。

比如，有一款适用于儿童的空气净化器需要众筹，若正值阴霾天气，企业可以借助这个外部条件，结合空气污染等问题发出呼吁，提出类似"还给孩子们一片蓝天"的宣传语。这样的众筹既能够告知用户产品是什么，主要功能是什么，又能让大众提前熟知这款未发布的产品。

3. 帮助培养金粉

众筹营销其实是用户的一种参与形式，也是一种培养金粉的有效手段。

网络众筹作为一种在网络上发布和传播信息的网络营销手段，可以在一定程度上增加企业信息的曝光率和可信度，也能够增加用户对企业的信任感，获得更多潜在用户的支持。

4. 帮助企业做推广

众筹营销模式在国内迅速发酵，在高大上的"外表"下，其本质是调动用户的参与度。很多社群的意见领袖在众筹平台看到新东西时，如果产品真的可以打动他们，那么，他们带来的传播效果会使企业的宣传更上一层楼。对于一些小企业来说，与其花大价钱做广告，不如和众筹平台的用户建立良好的联系和沟通，让他们为企业推广。

通过众筹的方式，利用各大平台做产品推广，事实上，对于用户和企业来说是双赢的事情。就企业来讲，成功的众筹活动就是一次营销推广行为，能使企业充分了解用户对产品的认可情况；就用户来说，众筹活动可以让他们增加参与感，并且以较低的价格买到自己心仪的商品。

方法5

把粉丝变成布道者

布道，原指宣传基督教的教义。布道者就是布道的人，也就是宣传教义的人。现在通常被引用为在某一方面进行宣传和传播的人。

把粉丝变成布道者，就是让用户主动传播你的产品，成为企业的忠实用户。真正能够把粉丝文化转化为营销文化的企业，大多能够得到长远发展。对于企业来说，庞大的用户数量就是企业的无形资产，有能力让这些用户成为企业品牌的布道者，才是企业营销的成功者。

有的时候，企业和用户需要交朋友，企业要根据品牌定位，结交同类型的用户；企业和各大社群也需要交朋友，怎样的企业品牌定位就有怎样的平台做朋友。企业应该用有好的态度对待这些用户和平台。

用户在购买完一款产品后，当被身边人问及产品信息时，它们通常会十分详细地把产品信息分享出去。用户其实只是把自己喜欢的东西介绍给了朋友，殊不知在无形中已经完成了对产品的品牌传播。有时候，广告做得再精良，也不如用户的传播力量大，因为这是无形中形成的一种口碑营销。那么，企业怎样才能制造口碑营销呢？如图6-5所示。

图 6-5　把粉丝变成布道者

1. 锁定布道者

用户对第三方的信任度往往高于对品牌本身的信任度，如果企业善于通过布道者将企业的品牌信息传递给用户，必然比直接向用户宣传自己的产品更有效果。

苹果公司对忠实用户的维护与运营做得非常成功，乔布斯善于通过营销手段把自己的忠实用户转化为苹果品牌的布道者。每年，在新款苹果手机面世时，令我们最难忘的是那些彻夜排队购买新款手机的"果粉"们，即使这款手机只在去年的款式上做了小小的改良，也阻止不了他们购买的欲望。通过这一点，我们几乎可以肯定，他们不只是为了购买一款新手机，他们想通过这种方式来表达他们对苹果的支持。就像有些球迷在观看自己钟爱的球队比赛时，会身着一身球衣。在"果粉"心里，他们从来都不是用户，他们是苹果的一分子。

2. 掌握布道者的心理

核心用户的心理有时可以反映用户的整体心理，因此在某种程度上，企业只要抓住了核心用户的心理，也就掌握了绝大部分用户的心理。掌握用户心理其实很简单，比如，企业可以用礼物激励的方式，通过一份小礼物，带给用户一份惊喜，也可以加深企业在用户心中的印象。

2015年的时候，麦当劳与国内一家行业领先的图片应用公司nice合作，设计了一款用于拍照的背景板，一共有五款背景供用户选择，用户可以根据自己的喜好拥有属于自己的美食拍照体验。同时，接待员还会在用户使用背景板时给用户提供意见，帮助用户找到拍照灵感。由此拍出来的照片更容易获得好友认同。

用户的主动传播优于品牌自主传播的效果。其实，每张照片在nice平台中都会有平均500次的曝光，并且还会产生一些好友间的互动。这种方式实现了让用户主动传播"这个产品真的很不错"的效果。这种通过用户自己制作贴纸，并鼓励nice用户通过平台表达自己想法的营销手段，实现了通过用户自主传播进行品牌植入的目的，无疑是一种成功的营销。

3. 和布道者做朋友

企业从产品设计之初到营销环节，可以充分增加用户的参与次数，让他们成为产品改进和传播的布道者。基于此，企业应该着力打造用户的服务体系，让用户情不自禁地谈及企业的产品，帮助企业提升知名度。

将用户转化为企业产品的主动传播者尤为重要。企业无论是建立粉丝经济还是打造品牌社群，都需要借助布道者的力量，通过用户间的互动，完成企业的品牌营销，甚至产生霸屏效果。

粉丝倍增的 8 大获客秘籍

Paypal公司创立于1998年，其创立初期就利用现金奖励做推广。它向注册成功的用户发放20美元的现金奖励，使得每天的新用户增长率达到7%，每隔10天，新用户的数量就会翻一番。到后来，随着用户数量的不断增长，Paypal公司将奖励减少到10美元，新注册用户仍然像滚雪球一样，越来越多。

通过这种"烧钱"的方法，PayPal公司得到了它的第一批种子用户，也因此超过了竞争对手ebay公司。Paypal公司创造的"烧钱"方法，既简单又高效。但是，并不是所有企业都适合"烧钱"，我们需要发掘更多省钱且高效的方法。

微博获客，微信留客

随着时代的进步，各类新兴事物也像雨后春笋般冒出来。微博和微信的发展逐渐改变了人们的生活方式。其中，微博具有帮助企业获客（指获取客户的意思）的功能，其强大的转发功能和搜索功能可以帮助企业进行营销。一条构思精美、内容充实有趣的信息，能够增强企业和粉丝的互动。

因为微博具有一定的媒体属性，微博中的很多大V博主拥有很多粉丝，具有一定的社会影响力，微博很多有价值的信息大都出自他们的账号。所以，如果企业建立自己的微博大号，利用自己的大号发布信息，可以在一瞬间就让千万人知道关于企业的信息。很多企业都会将微博作为主战场，希望利用极少的代价，提升企业的知名度。

那么，微博如何获客呢？微博获客的要点在于要有具体内容。在自媒体时代，广告就是内容。如果企业发布的内容很枯燥，没噱头，提不起用户的兴趣，就算关注者再多，转发量也会很差。

企业在微博中做内容，可以利用实事热点，这也是微博官方统计出的最有效地提高人气的"武器"。内容营销作为一种新时代的营销手段，同样适用于所有平台和渠道，它能帮助企业转化有价值的用户，最终带来利益。

但是，微博属于弱关系社交平台，更适合对品牌进行曝光。企业若想进行用户沉淀，加强与用户的沟通，就需要借助微信的力量。因为微信是相对私密的强关系社交平台，企业的一些营销活动更适合在微信里运作。

微信不同于微博，其更注重社交内容相互交流，是一种双向关注的强关系属性。如果利用微信来营销，则更适合做用户服务平台。

自媒体时代背景下，如果仅凭借传统的营销策略必然跟不上时代的脚步。基于微信和微博的差别，企业可以结合双方优势来解决问题，即利用微博获客，利用微信留客（指挽留用户）。

作为双V（微博、微信）时代的典型，康师傅通过重新整合营销策略，获得了大量粉丝的追捧。康师傅的爆款产品香辣牛肉面第一次尝试用卡通人物形象作为自己的官微头像。同时，为了增加官微主号的传播力度，康师傅打破了官微只能对应一个账号的传统，设置了多个不同卡通形象的账号与主号互动。在短短几个月里，就受到了广大用户的追捧和"调戏"。不仅获得了将近45万个忠实粉丝，还实现了企业营销效果的最大化。

我们知道，作为一种关注度很低的产品，如果只是单纯地把官微形象设定成拟人化的卡通形象，并不能使它在同类产品中脱颖而出。康师傅团队经过调查发现，大部分人在吃方便面的时候，喜欢在面里加点特别的食材，如卤蛋、香肠、榨菜等。于是，康师傅团队出奇制胜，同时增加了四个子账号，并且把这四个子账号赋予不同的拟人化形象，与大号进行互动调侃，扩大了单一账号的传播效果，促进了官微运营的效果，如图7-1所示。

康师傅香辣牛肉面 V：今晚一起约泡？ @卤蛋疼疼 @香鹏迪迪 @榨菜姐姐- @榨菜妹妹

3月4日 17:30 来自VDong社交管理   转发(33)   收藏   评论(14)

图 7-1 康师傅官微主号和子账号互动

为了抓住用户的更多时间，康师傅除了在微博上与用户互动，还开通了微信公众平台。因为泡面的制作过程需要五分钟，所以，康师傅团队发现，利用好用户的这五分钟，完全可以达成品牌与用户之间的沟通。通过关键词的引导和人工在线客服的管理，用一些好玩和生动的互动对话模式，与用户在五分钟之内互相调侃，同时也收集用户的建议和投诉。这样不仅抓住了用户的兴趣点，还把五分钟的价值最大化，更让企业创造了史无前例的新收益。

除了一些简单的互动和日常服务，康师傅还在微信公众平台上开发了多种形式的内容，不仅包含图片、文字等，还上传了很多语音和有传播价值的UGC。

在开通微博账号的六个月时间内，康师傅的粉丝数量暴增到了45万个，并且每天都保持着很好的活跃度，也赢得了很多忠实用户。

企业的最新营销模式体现在微博营销与微信营销的充分互补上，企业可以通过这种模式和用户进行有效的沟通，从而扩大粉丝数量。

随着营销手段的不断迭代，企业应及时采取微营销模式（指以营销战略转型为基础，通过企业营销策划、品牌策划、运营策划、销售方法与策略，注重每一个细节的实现，通过传统方式与互联网思维实现营销新突破），不断开发企业的营销价值，推动和完善企业的日常营销活动，从而形成企业自身独特的服务体系，帮助企业获得更多收益。

秘籍2

微博是广场，而论坛是俱乐部

　　传统的信息引爆都是先经过媒体的争相报道，才会引起社会群众的热议。而如今，信息引爆也可能先由公众热议，再由媒体跟进。互联网时代的去中心化特性，使得每个普通人都有可能成为信息节点，通过社会化传媒，这些普通人也可能变成意见领袖。

　　因此，企业需要提高用户黏性，让他们自发地为企业传播信息，以此吸引更多粉丝。新媒体时代，企业需要勇敢地尝试新的增粉方式，对微博、QQ、论坛，以及微信等平台的新营销模式进行探索。但万变不离其宗，营销的第一步就是要学会和用户做朋友。企业与用户之间的信任度越高，相对应的口碑传播范围就越广。

　　前一节我们着重讲解了微博获客和微信留客的技巧，木节我们将进一步分析企业如何利用论坛进行营销。首先，我们了解一下微博与论坛的不同之处，如图7-2所示。

1. 内容形式

　　微博的内容更倾向于碎片化，比如，今天你在微博上发布了一个吸引眼球的话题，感兴趣的用户就会关注你；但如果明天你没有话题了，这些用户可能会转为关注别人的话题。

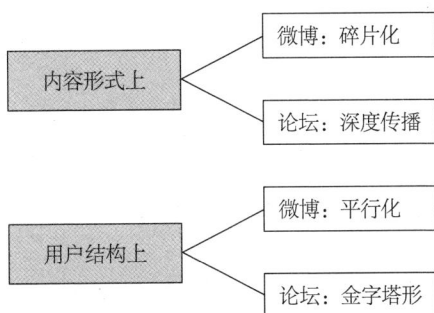

图 7-2　微博和论坛的不同之处

论坛则不同，论坛可以将内容组成专题，适合对内容进行深度传播。比如，在论坛中介绍刷机技巧，也可以搭配相关课程的讨论。

2. 用户结构

微博的用户结构趋向于平行化，只承认是否被认证。而论坛的用户结构呈金字塔形，就像一个俱乐部，看重用户在某些领域的专业性。

因此，现在有这样的比喻：微博是广场，而论坛更像俱乐部。

我们可以借鉴小米手机的论坛营销经验，看看小米公司是怎样运用社会化媒体扩展知名度的。

其实，小米论坛的起步时间并不早，其论坛最初的注册用户只有100多人。而小米公司内部也无专人经营论坛，后来只能找来一个工程师在业余时间经营这个论坛。

　　小米从开始经营论坛，就敢于在一次又一次的创新和试错中完善论坛，论坛的功能和玩法也不断增加。经过多年努力，如今的小米论坛的注册用户已经超过2000万人，发帖总数量更是达到了2亿条。

　　在小米论坛的运营过程中，粉丝的增长和用户的参与感是成正比的，也正是由于用户参与感的增强，才增加了企业和用户之间的连带关系。在论坛里经营用户，构建金字塔形的用户关系，让用户帮助企业去管理用户，而企业的主要任务是在幕后为核心用户提供帮助。

　　小米论坛的成功之处就在于其在经营论坛时像在经营一个俱乐部，这个论坛就像是用户的一个"家"。它的成功向我们表明，运用新媒体进行营销，首先要建立用户关系。只有把每个用户的服务做好，才能获得一系列的粉丝效应。

秘籍3

"寄生"大平台

互联网行业一直是一个注意力过于垄断的行业，很多企业为了获取流量，不得不"寄生"在大平台上。这种"寄人篱下"的选择，往往是迫不得已的。

企业的流量就是我们常说的企业的粉丝或用户，需要企业长时间的积累才能获取。企业的营销活动主要就是针对粉丝或用户，因此发展流量至关重要。但流量不是短时间就能做起来的，很多企业因自身财力和人力的限制，做流量并非易事，因此需要借助一些大平台。那么，依托其他平台来获取流量有哪些优势呢？

1. 自身渠道狭窄，需要借助多个平台获取更多用户

企业可以借助头条号的推荐机制，将一些关联产品信息的软文发布在今日头条上，这样可以获取更多用户的关注；或者把信息发布在搜狐的自媒体平台上，因为百度可以收录搜狐的新闻源，所以企业可以借助百度的权重和影响来获取用户。

2. 提升品牌的曝光率，打开企业的影响力

假如将一篇10万次阅读量的文章同时发布在多个自媒体平台，就会收到多于10万的阅读量，会将企业的影响力扩大，品牌效应也会增加。

克雷格列表，是一个类似58同城的生活型网站。它是由克雷格一手创立的。这个免费的大型生活型网站，页面上是一些密密麻麻的、介绍各类生活信息的文字，让人一看就觉得十分乏味，但这个网站却是当时美国人最喜欢的网站之一。

当时，还有一个名不见经传的民宿预定平台——Airbnb。它的三位创始人深知，要想让潜在用户选择Airbnb提供的订房服务，关键在于找到一个用户资源丰富的平台，并将自己的租房信息发布于此。因此，Airbnb把克雷格列表视为基础用户的"来源地"，想从中分引客流。

首先，Airbnb的工程师开发了一项允许用户把发布在Airbnb上的租房信息同步到克雷格网站上的功能。这项功能会在Airbnb的用户发布信息后就推送一封邮件给用户，内容大概是让用户把这些信息同步转发到克雷格列表以获得额外奖金，而且操作简单，用户只需点击链接即可完成操作。于是，很多用户会直接点击链接，将租房信息轻松分享到克雷格网站上。

借助这项营销技术，Airbnb得到了丰厚的回报：首先，有越来越多的来自克雷格列表的用户聚集到Airbnb，这些人通过注册账号加入Airbnb，同时发布更多租房信息；其次，原本习惯去克雷格列表发布信息的用户

开始变为在Airbnb发布信息，因为只要在该网站发布一次信息，就能同时出现在两个网站上；最后，Airbnb的老用户变得更加忠实，因为他们可以在网站获得更多收入。

在没有足够资金直接抢夺用户的情况下，Airbnb选择用技术营销的手段获取对手的用户资源，这种"攀附"行为，不仅为企业省去了营销成本，也得到事半功倍的营销效果。

秘籍4

自建吸粉系统

市场上获取用户的渠道成本越来越高，如何高性价比地获取流量是每个企业亟待解决的问题。如果企业一直"寄生"于大平台之上，是无法得到长远发展的。为了企业的长远发展，企业需要搭建一块属于自己的"根据地"。

在失去"寄主"克雷格列表后，Airbnb的用户数量依旧以惊人的速度增长。仅仅一年的时间，其用户数量就从1500万人激增到3500万人。这与其创立之初只有3个租客的情况形成巨大反差。

Airbnb通过自己的官方网站发布了一篇文章，向所有人解释，为什么Airbnb可以在短时间内吸粉（指增加粉丝量，吸引人气）无数。文章中提到公司如何搭建和运行Referral系统，正是因为这个系统，Airbnb才会每天都有很多新注册用户。

其实，Referral系统就是我们常见的通过已注册用户邀请新用户注册的系统。随着Airbnb的不断发展，原先在网页上的邀请系统已经不能满足企业发展的需要，而且无法很好利用现有用户和资源。由于网页端邀请的局限性，敢于创新的Airbnb把自己的邀请系统进行了改造。重构的Referral系统能在 Web、iOS、Andriod 三个平台同时使用。

如果Airbnb的老用户邀请了新用户注册，并且新用户在注册完成后通过 Airbnb完成了一次旅行，这时候，Airbnb会给邀请者和新用户的账户中各充值25美元的信用值。这种方法可以很好地鼓励老用户邀请新用户注册。

Referral系统其实是一种推荐营销方法，它的本质很简单，就是老用户推荐新用户使用或购买某产品，该老用户可以获得一定的奖励，如现金、代金券或商品折扣。这种邀请机制不仅可以降低企业的宣传成本，还能提高用户的体验和参与度。

趣头条是在2016年新兴的内容资讯APP。作为2017年业界的一匹黑马，截至2017年年底，其注册用户已经超过7000万个，在资讯类APP中，排名仅次于腾讯和今日头条。但相比今日头条，趣头条的内容显得过于单一，只有转载的软文或视频，而且视频播放过程中的广告过于频繁，用户体验极差。但是这款APP仍然能够吸引大量的用户，原因是什么呢？主要因为趣头条的流量下沉模式和网赚模式。

趣头条的网赚模式是指，用户在趣头条注册完成后，每天可以在AAP中签到领金币，开宝箱领金币，转发领金币，阅读也能领金币。当这些金币达到一定数量后，便可以兑换成现金。

除此之外，用户也可以用收徒模式来赚取现金，即老用户推荐新用户注册就可以得到奖励；新用户浏览内容，推荐人也可以得到奖励。趣头条利用这种低成本的奖励模式获取了大量有效的新用户，如图7-3所示。

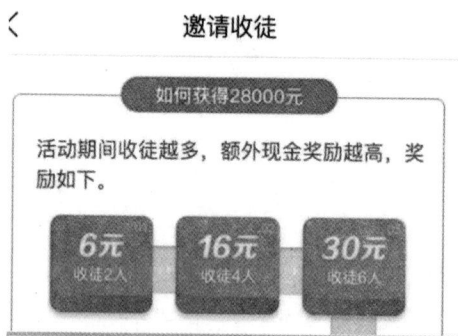

图 7-3　趣头条的收徒界面

像趣头条这样的资讯类APP还有很多，如淘新闻、惠头条等，都是以这种收徒模式为主要营销方式。这些平台的网赚模式加快了它们吸引用户的速度，同时也大大降低了它们的经营成本。

推荐营销所带来的影响力比其他渠道的影响力更强烈，据调查结果显示，推荐营销策略的增粉（增加粉丝数量）效果是最有效的。那么，为什么推荐营销的引流效果最好呢？

1．精准定位目标用户

如果企业没有精准定位到自己的用户群体，就算在媒体上投放再多广告也无法获得理想的转化率。其实，成功的营销活动要从抓住用户开始，企业一定要精准定位自己的消费群体。

2. 为品牌传递价值

通过老用户对产品的口碑传播，能够帮助企业进行用户转化。口碑传播会让用户投入更多注意力去了解自己的朋友的喜好，相比其他增粉方式，推荐用户的方法可以为企业传递品牌价值和信息。

3. 发展速度快

企业在网络上发布推广广告，很容易让用户掌握企业信息和产品信息，但是，如果企业想追求促使用户裂变的营销方式，就必须形成自己的体系。推荐邀请模式就是增粉的特效药，用户留存率也高。

秘籍5

霸屏不刷屏

互联网时代从来不缺热点，今天的霸屏消息，可能明天就会被另一条消息取代。企业的广告设计者为了能够设计一次成功的营销，也会不断借助热点进行推广。

网络霸屏营销已经逐渐走入企业视野，越来越多的企业利用霸屏营销实现自己的利益最大化，那么，霸屏和刷屏存在哪些不同呢？如图7-4所示。

1. 定义和本质不同

刷屏，一般用来指在互联网上不断地重复某种信息的动作，也可以称为洗屏。从广义上讲，指在同一时间由同一个人在网络媒体上发布大量信息，主要指重复一些没有意义的内容。

刷屏最早出现在网络的聊天室，由于某些用户故意捣乱，或者发泄某种情绪，他们会不断发送重复的文字或符号，将大量无用信息充斥整个聊天室，影响他人观看或者留言。

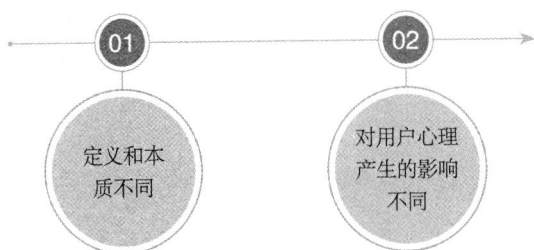

图 7-4　霸屏和刷屏的差别

刷屏的本质是通过"信息爆发"获取流量，是网友互动的一种形式。而霸屏可以简单地理解为百度霸屏，也就是说，当用户在百度搜索框进行某一关键词的搜索时，相关产品的信息会充满搜索结果页面，百度霸屏也可以理解为一种搜索引擎的优化。

霸屏的本质是借力第三方高权重网站平台，帮助企业获取排名，实现快速霸屏的效果。

2. 对用户心理产生的影响不同

在用户需要了解某一信息时，可以用关键词搜索相关信息，从霸屏的技术角度讲，它可以给用户提供便利，而不会对用户心理造成太大影响。

而刷屏不同，不断地发送重复的内容往往会让用户产生反感和排斥心理，这种刷屏不但无法获得成功，还可能失去潜在用户。

长久以来，用户和企业总是站在对立面。企业总是想方设法地赚取用户的注意力和好感，在这样的思维模式下，用户更像一个"猎物"，被各种各样的广告"围剿"。爆款刷屏越来越无法吸引用户的注意力。因此，避免恶意刷屏非常重要。

但是，很多企业仍未重视刷屏和霸屏的区别，无法合理运用霸屏技巧来获取更多用户。

小米公司做社会化营销的渠道主要有微博、微信、论坛和空间。在运营之初，小米公司就给自己的员工设定了一个底线：绝对不能在任何平台刷屏，每天在一个平台发布的信息数量不能超过10条。即使在小米新款手机上市的时候，小米公司也只更新了7条微博，足可见小米公司对用户的尊重。

随着网络环境的改变，社交媒体逐渐出现流量黑洞，企业要想为自己的产品做广告，快速吸引更多粉丝，应合理调整自己的推广方向，做到霸屏，而非刷屏。

QQ空间，年轻客群的阵地

平台变了，"玩法"也要跟着改变。由于微信的快速崛起和微博的稳步发展，QQ空间成了一个逐渐被忽略的传播阵地。各企业在进行网络营销时，千万不要小看QQ空间的力量。QQ空间和微信、微博具有同样的裂变功能。企业如果能够把QQ空间运营好，就能拥有一批忠实于QQ空间的年轻用户。并且，QQ空间也具有较强的转发和传播性，能够帮助企业获得更多用户。因此，QQ空间很适合企业策划事件营销（指企业通过策划、组织和利用具有新闻价值、社会影响以及名人效应的人物或事件，吸引媒体、社会团体和消费者的兴趣与关注，以求提高企业或产品的知名度、美誉度，树立良好品牌形象，并最终促成产品或服务销售目的的手段和方式）。

我们以小米公司为例，看看QQ空间在营销阵地的特殊意义。

小米公司旗下的红米系列手机的首发阵地就是QQ空间，并且在当时取得了相当大的成功。因为红米手机的目标用户主要是年轻人，其又具有相当吸引人的定价，与QQ空间的年轻用户的消费需求非常吻合，所以，小米公司和QQ空间合作打造了一场针对红米手机的预约购买活动。

当时，QQ空间已经在国内沉淀了不少用户，尤其是90后用户。进驻QQ空间进行营销前，小米手机都是在微博和相关论坛进行推广。而当小米公司在QQ空间推广红米手机时，立即在网络上打响了第一枪。活动开始仅仅三十分钟之内，在线活跃用户就超过了100万个，这些用户参加了手机价格竞猜活动，并且不断把相关信息转发到自己的QQ空间，帮助红米手机进行二次营销。活动上线三天后，参与竞猜的用户数量达到了500万个。红米手机发售前，已经有700万人次通过QQ空间预约红米手机。红米手机发售当天，90秒之内就卖出了10万台。这也证明了QQ空间具有强大的营销能力。

很多企业都在不停地寻找获取流量的新方法，却往往忽略了QQ空间的作用。想得到更好的推广效果，获取更多用户，企业仍然需要重视QQ空间。

那么，如何利用QQ空间来快速增加用户数量呢？企业可以开通自己的QQ空间，并且有方法、有节奏地增加空间人气。

1. QQ空间装饰

通常我们在评价一个人的时候，第一印象很重要，而QQ空间留给人们的第一印象也很重要。企业要对空间进行装饰，尽量让它更"顺眼"。

小米手机的空间主页设计得很精美，只要用户进入小米公司的QQ空间，第一眼就会看到那句"关注小米空间，送红米手机"的标志语，这对用户来说是一种吸引力，会下意识地点击关注。

2. 认证QQ空间等级

企业进行QQ空间认证至关重要，如企业认证、网站认证等。取得认证后，企业会获得被优先推荐的权利，获得更多流量，也能增加用户的信任度。

蘑菇街的QQ空间就进行了空间等级认证，粉丝数量达到两千多万人，甚至超过了某些微博大号的粉丝数量。

3. 增加转发和评论数量

企业应多转载阅读量高的文章，可以提高空间人气。同时，也可以写一些企业的软文进行推广，在文章中加入企业微信号或二维码。

空间有提示新评论的功能，企业可以及时回复用户的留言，与用户积极互动，提升空间热度。我们应牢记：一个有温度的账号，更容易把用户留住。

4. 促成用户间接分享

空间里有一个分享功能，用户只要点击一个按钮就可以把文章分享到自己的空间，也可以附加自己的想法或观点。企业应该引导更多读者转发企业空间中的文章，扩大传播范围和影响力。

5. 做好留存用户互动

QQ空间主要面向年轻群体，抓住年轻人的喜好，积极与空间中的用户进行互动，做好口碑营销非常重要，能得到一传十、十传百的效果。企业可以成立专业团队，针对自己空间里的文章和内容进行包装，从而吸引更多用户。

占领好QQ空间这一庞大阵地，打赢用户增长的战役，对企业来说意义重大。虽然QQ空间已经过了"一统天下"的时代，但是，它依然可以成为企业吸粉的利器。

秘籍7

借助社群营销

众所周知，社群里聚集的是一些有某种共同爱好或者需求的用户，所以用户定位比较精准，这也是很多商家争抢的营销"宝地"。社群营销的本质很简单，就是通过线上用户间的交流，达到品牌推广的目的。

但是，很多企业的社群营销效果并不理想。有的无法吸引大流量；有的虽然有流量，但苦于无法转化。本节我们就来探讨做好借助社群营销的几个技巧，如图7-5所示。

1. 自己建群引流

很多企业会利用他人的社群进行引流，但是频繁地去别人的群里发广告、拉用户，很容易引起群内成员的反感，甚至会被强制退群。更好的方式是企业自己创建一个社群。那么，自建社群的获客技巧有哪些呢？

（1）群名称带有关键词

首先，企业在建群时，群名称必须带有与企业或产品相关的关键词，并且尽量使用相关语，这样可以方便他人搜索。

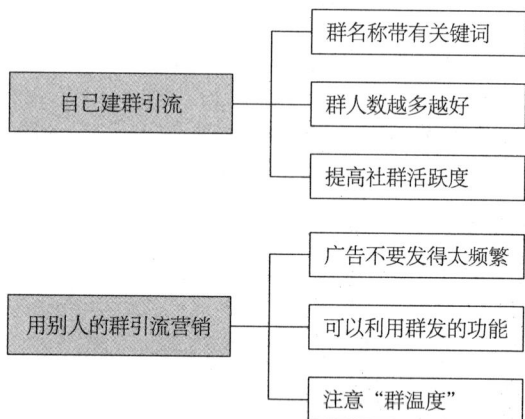

图 7-5　借助社群营销的技巧

（2）群人数越多越好

新建社群需要一定的群成员基数，如果群内成员寥寥无几，新人进群后会有疑虑和不安感。因此，新建社群可以在初期设定一个较大的人员基数，拉进一些熟人充当群成员，等群内人数达到一定数量后，再让"滥竽充数"的群成员离开，留下真实的活跃用户。

（3）提高社群活跃度

社群的活跃度是决定群内用户质量的重要因素。如果社群的活跃度低，企业就要想办法提高群内的活跃度。提高活跃度的方法有很多，比如，给群内成员发红包，或者在群内多探讨一些群成员感兴趣的话题。在群聊时，一定要保证聊天内容有实际意义，如果聊天内容无聊又无趣，只会使社群的活跃度降低，甚至导致群成员的流失。

2. 用别人的群引流营销

企业自己建群会耗费一定人力、物力，但是别人的社群又不允许自己随意发布广告，这时怎么办？我们可以用合作的方式借助别人的社群来营销。但是，在借用他人社群进行营销的时候，需要注意以下几个问题。

（1）不要频繁发布广告

如果一个社群频繁发布广告，极易引起用户反感，所以企业要切记广告应该"少而精"。

（2）善于利用群发功能

不论是微信群还是QQ群，都自带群发功能，企业可以充分利用这个功能向群内所有人发布推广信息，使信息传递到每位群成员。

（3）注意"群温度"

群发信息毕竟缺少人性化的"温度"，转化率较一对一的精准营销来说要低很多。所以，企业一定要注意"群温度"，在一个群里要坚持发布有新意的广告，不能一次了事，一定要保证广告信息被大多数人看到，以提高转化率。

罗辑思维起源于一档国内的脱口秀节目。它成功的最大助力就是构建了一个自己的微信社群。那么，罗辑思维是怎样建立自己的社群的呢？

首先，选对人。罗辑思维的用户主要是一些热爱读书的人，他们拥有相似的价值观和兴趣，喜欢追捧知识类产品。加入罗辑思维的会员需要缴纳会费，并且需要确保自己能够按时参加读书活动。

其次，为用户培养习惯。罗辑思维每天早上6:20会准时为所有会员发送一段读书语音，以此来培养用户的读书习惯。

最后，加强线下活动，培养用户黏性。在线下，罗辑思维经常会举办一些读书活动，读书互动可以增加用户对罗辑思维的信任，同时，忠实用户会自发地为罗辑思维做推广。

罗辑思维利用微信群增加了与用户的联系，不仅得到了用户的信任，还为自己攒下了口碑，争取了更多流量，堪称借助社群营销的典范。

秘籍8

弹幕营销

"弹幕"一词最早来源于军事用语,主要指用密集炮火攻击目标,由于过于密集而像一张幕布。衍生到今天,指的是用户在网络观看视频时弹出的评论性字幕。

作为一种比较新颖的评论方式,弹幕逐渐走入人们的视线,无论是网络直播,还是热播大剧,只要人们想"指点江山",动动手指就可以完成。通过弹幕这种形式,用户可以随时分享自己的体会,也能对剧情提出意见和评论,不再是简单的被动观看内容。

其实,弹幕可以理解为一种社交平台。人们只要打开弹幕功能,就会被满屏的吐槽和评论霸占眼球,其中还掺杂着各种各样的广告。因此,弹幕广告也被认为是一种精准营销。观看同一视频的用户大多拥有相同的爱好和兴趣,对于营销者来说,这些就是精准的用户流量。

在进行弹幕营销之前,我们应该先了解弹幕的优点,如图7-6所示。

1. 具有一定的及时性和互动性

用户想表达自己的见解时,往往希望及时表达出来,弹幕的及时性让用户感到一种"同步感"，从而激发用户的互动心理，拉近彼此间的距离，在一定程度上能够满足人们的多种需求。

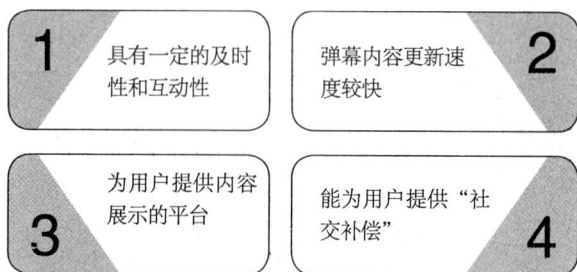

图 7-6　弹幕的优点

2. 弹幕内容更新速度较快

弹幕会随着视频的播放不断更新，只要是发出去的内容，就会被观看视频的用户看到。如果这个视频在平台的播放量超过百万次，那么该视频的弹幕在很短的时间内可以得到可观的曝光率。

3. 为用户提供内容展示的平台

弹幕内容会随着视频被保存下来，只要原视频不被删除，弹幕就不会消失。而且，弹幕可以随视频循环播放。因此，弹幕非常适合做引流和推广的内容展示平台。

4. 能为用户提供"社交补偿"

弹幕可以拉近用户间的距离，给人们提供一种"社交补偿"，让人们在宣泄情绪和分享信息的同时获得满足感。

了解了弹幕的优点和意义后，我们应该怎样利用弹幕这一利器进行营销，从而增加用户数量呢？

1. 弹幕互动

弹幕的及时评论功能，能增加用户交流的乐趣，是一种能够让用户高度参与的互动形式。人们可以通过弹幕不断进行实时点评，甚至还能为企业决策提供意见。多种互动方式可以帮助企业吸引流量。

借用美特斯邦威的一次弹幕营销案例，我们可以简单分析一下：

美特斯邦威开辟了一种新的营销模式——弹幕营销，为自己吸引了不少忠实用户。美特斯邦威打破历史传统，为企业代言人拍摄了一支弹幕广告。美特斯邦威以"年轻，爱怎样就怎样"为主题，让视频中的明星与用户进行互动，明星可以随机挑选用户在弹幕里提出的要求做动作。这支广告通过别出心裁的弹幕广告，开启了明星与粉丝在视频中互动的模式，引来众多网友疯狂围观并发布弹幕。

如此别出心裁的玩法为美特斯邦威迅速积累了大量粉丝，让很多网友感到新奇。最终，美特斯邦威打造了一场完美的弹幕营销。

2. 弹幕内容

企业要想在弹幕中得到更多回应，关键要把握好弹幕的内容。在做弹幕营销时，内容要能引起大多数人的共鸣，才能得到回应并获得用户关注。

优乐美奶茶有一条弹幕广告语设计得非常巧妙。"我是你的什么"这句广告语，能够引起众多用户的共鸣，给他们留下深刻印象，从而达到很好的营销效果。

3. 弹幕落地

富有特色的弹幕语言往往会给观看者带来不一样的感觉，如果能够脱离网络渠道，将弹幕语言带到现实生活中，也可以帮助企业提高曝光度和粉丝流量。

在北京、天津等地，很多弹幕语言出现在街头巷尾，比如，"没时间解释了，快上车""别打啦，那是友军"等。弹幕语言还出现在公交、地铁和高铁上。看到这些弹幕的人，如果不懂其含义，会通过网络搜索其含义，这也可以为企业提高曝光度，是一种吸引流量的好手段，如图7-7所示。

图 7-7　公交车上的弹幕广告语

4. 弹幕海报

弹幕的受众用户大多是"90后"群体，如果以"90后"为目标载体，把弹幕转化为互联网海报形式，非常有利于企业在互联网上的传播和推广活动。如果再加上明星代言人的影响力，就能利用代言人的粉丝群体进行传播。让粉丝自愿为企业进行品牌推广，以此达到营销效果。

作为一种小众文化载体，弹幕语言的应用趋势已经渐渐地从垂直化转变为多样化，并且由线上转向线下，越来越多的人开始接受并喜欢这种有趣的互动形式。

08

打造霸屏产品的 5 个战略

　　霸屏营销，这种兴起在新媒体领域的营销手段，可以成功引起网民的注意。但是如何打造有效的霸屏产品？互联网时代，注意力是宝贵资源，吸引注意力是每个霸屏产品的终极目标。吸引并留住了注意力，使用户成为产品的粉丝，再通过超出预期的惊喜和丰富的内容，可以有效提升粉丝的忠诚度。接下来，本章将详细阐述打造霸屏产品的5个战略。

对标战略——把一个强大的对手设为标杆

对标，顾名思义，就是指对照标准。何为对标战略？简单来说就是用本企业的管理制度、工作流程、产品生产和销售模式等与同行业中的佼佼者或其他行业的优秀企业进行比较，通过学习他人的先进经验来改善自己的不足，使其他企业的优点转换为适合本企业的发展模式。对标战略是企业加强内部管理的一种主要方法。

企业的对标战略可以分为四种方式。

1. 内部对标

在企业内部实行对标战略，一般是指在不同部门之间寻找内部业务的行业标准，属于最简单的对标管理方法。它主要的优点是，内部分享的信息量大，内部知识可以被充分运用。

2. 竞争对手对标

对于一个企业来说，最主要的对标就是来自竞争对手。二者拥有相同的用户和产品源，将竞争对手作为对标对象，可以清晰地看到双方的区别。

3. 行业对标

这种对标指的是与同行业中不同市场区域的企业对标。这种对标形式能够帮助企业从对方的企业经营中获得更多的信息和经验。

4. 工作程序对标

这种对标方式最难实现，多指与其他企业就某个工作程序进行对标。

企业实行对标战略是由自身的内容决定的。选择好自己的对标企业，运用合理的对标战略来查找自身差距，可以找出本企业存在的不足。

那么，企业在打造霸屏产品前如何制定对标战略呢？

1. 和成功产品对标

企业在打造霸屏产品的时候，需要和之前成功的霸屏产品进行对标，比如，分米鸡对标喜茶。

喜茶是芝士奶盖茶的首创者，它的营销方式是利用产品自身的品质来吸引用户，让用户自发地宣传产品。很多用户会排队数小时购买喜茶，接着拍照上传朋友圈。分米鸡也巧妙地运用喜茶的营销方式，鼓励用户拍照上传朋友圈，一时间在朋友圈形成霸屏效果。

淘宝作为成功的电商平台，每年"双十一"的打折促销活动深入人心，也由此拉动其他电商平台——唯品会、京东、小红书等，相继推出"双十一折扣购物活动"和"双十二年终巨惠活动"。如今，多家电商平台会提前1个月就在自己的网站做宣传广告，每当用户在这时候打开其网站，就会看到相关宣传。

在此案例中，唯品会、小红书等电商平台积极和淘宝对标，通过正确的对标手段使企业获得经济效益。由此可见，在运用对标战略时，对标目标的选择十分重要。

2. 寻找自身与对标企业的差别

在营销中巧妙地抓住潮流至关重要，企业在打造霸屏产品前，必须找到可以与自己对标的强大对手，并且制定相应的对标战略，这需要足够的经验与敏锐度。

2017年以来，即食食品的市场需求量变大。比如，卤西西、绝味小龙虾等品牌陆续进入用户视野。随着即食食品市场潜力的显现，海鲜盒子应运而生。目前，海鲜盒子已经有意式腌章鱼、麻辣香虾等10多款产品，在北京的投放点位超过13个。

海鲜盒子在运输方面采用智能货柜进行全程低温冷链运输，存储温度保持在3-5摄氏度，从产品出厂到终端零售，可以完全保证产品的质量和口感；除智能货柜之外，海鲜盒子还有自己的形象店——"海鲜研究所"，这迅速吸引了用户的眼球。在实体店内，用户可以试吃海鲜，企业也可以直接了解大众的口味需求。

从产品来说，海鲜盒子的所有食材完全直采于原产地，并且具备国际海鲜食品认证，用户可以放心食用；另一方面，卤味食品口味单一，但海鲜盒子的口味多样，更加大众化。

　　制定适合霸屏产品发展的对标战略后，下一步应该分析人本身的特质。如何利用人类眼球的运动方向和对颜色的敏感度，就是我们接下来将要探讨的问题。

战略2

眼球战略——我们是"用眼球思考的人"

前面章节提到过,快节奏的生活环境中,注意力是稀缺资源,企业总在想方设法地抓住用户的"眼球"。现在,让我们一起思考一个问题:站在观者的角度,优秀的霸屏产品为什么可以抓住用户的"眼球"呢?

1. 运动视觉偏见

运动视觉偏见是人类在进化过程中遗传下来的一种习惯。

远古时期,人类祖先在野外打猎时,需要利用自己的眼睛来观察四周,以防止被猛兽偷袭。因为地平线是水平的一条线,所以,我们的视觉会集中在视线中间以及它的水平沿线区域。

这就是我们的眼球可以快速左右转动的原因。而因为没有过多训练眼球上下转动,所以,今天的我们在上下转动眼球时没有左右转动时迅速。

美国圣塔克拉拉大学的萨凡纳教授发表过一篇关于眼动追踪的研究报告,报告中提出,当表格内容不变时,只要调整表格的排列方式,就能影响人们的选择的设想。萨凡纳请受试者在戴尔计算机的网站上选择台式计算机，以此研究现实中的情况是否符合这一设想。

多年来，戴尔计算机的网站都是按列来显示不同的计算机型号，然后按行显示每个型号的属性。通常，一台台式计算机可能有12个不同的属性，包括价格、处理器、显示器、操作系统和保修等。在实验中，受试者被随机分配成两组，一组根据当前网站的布局挑选一台计算机，而另一组受试者看到的是不同版本的网站布局，即产品型号按行显示，产品属性按列显示。

这些不同的布局方式，造成了受试者大相径庭的信息处理方式。当计算机型号按行显示时，大部分用户不再那么关注属性，而是花相对更多的时间去观察产品；当计算机型号按列显示时，受试者会比较不同机型的各个属性，比如，价格或处理器性能等。

有趣的是，受试者最后的选择和他们视线运动的方向有密切的关系，得到越多视觉关注的计算机的型号或属性，对最后决策产生的影响越大。这就意味着，如果受试者花很多时间注意价格变量，他们可能会对价格更加敏感；反之，如果他们的视觉停留在相对昂贵的机型上的时间越长，就越不关心价格。

根植于屏幕眼动过程中的视觉偏见，有一个重要特点，即倾向于横向运动。科学家推测，这种偏见植根于视网膜的感官属性。因此，水平方向的信息在人类眼中更为突出。

这些实验结果表明，我们在浏览信息时，会因为信息的排列方式不同，注意到不同的内容。

当企业要把自己的产品推荐给用户时，需要把最有价值的内容放在视线最可能经过的地方，远离视觉的边缘区域。

当我们掌握这种利用视线影响选择的方法后，眼球战略就成功了一半了，接下来，我们还要利用视觉的第一印象来引导用户。

2. 颜色冲击力

颜色冲击力是眼球战略的第二个决胜点。

人类自诩是理性的动物，然而，数十年来，心理科学已经清楚地证明，人类的选择其实是很容易被情感操纵的。其中，颜色会影响人们的选择。据相关研究表明，生活在不同国家的人，他们的视觉喜好大不相同。这时，商家应该考虑大多数用户的喜好。在大多数国家和地区，人们对颜色的看法通常如下，如表8-1所示。

表 8-1 Adobe 公司统计的不同颜色代表的不同情感

黑色	精致和力量
白色	干净、精致、纯洁
红色	勇气、激励、力量，也能激发欲望
蓝色	冷静、安定、信任、安全
黄色	乐观、欢乐
绿色	平衡、可持续的增长
紫色	皇权、精神意识、奢华
橙色	友谊、舒适、食物
粉色	平静、女性化、性

少数人对颜色的偏好会因记忆有所不同，但大多数人的视觉第一反应是相似的。

打开爱淘宝的界面，映入眼帘的是一片鲜艳明亮的红色，霸占了全屏近一半的区域。中国的传统思想认为，红色象征吉祥，它被人们赋予了渴望安定、辟邪消灾的期盼，红色几乎是中国传统文化的象征颜色。"爱淘宝"的首页正是迎合了中国人对颜色的偏好，如图8-1所示。

图 8-1　爱淘宝首页

有研究发现，40岁以上的受试者对色彩多变的网站展现出强烈的偏好；男性喜欢使用灰色或白色作为背景的网站；而女性则喜欢色调柔和的网站；年轻受试者更喜欢使用色彩饱和度较高和图片相对较多的网站；而年长者喜欢的是以文字为主、有鲜明特色的、色彩饱和度低的网站。

因此，利用好色彩、图片、字体、字数、字号、版式的搭配，有助于获得用户的偏爱。除了表现形式，长久留住用户注意力的关键在于精彩的内容。接下来，我会在鸡汤战略中讲述怎样丰富产品内容。

鸡汤战略——直击人心的营销内容

心灵鸡汤是充满知识与感情的话语，读者无须深入阅读即可获得干货，充满正能量，可以缓解人们的压力。心灵鸡汤在每个时代都非常受欢迎。从"既然选择了远方，便只顾风雨兼程"，到"春风十里不如你"的流行，每个时代都有属于自己的鸡汤。时代在变，人性不变。直击心灵的鸡汤，本质是一样的，只是形式有所不同。时代发展，企业要有能直击人心的一流营销内容。

1. 推陈出新

如今，心灵鸡汤已经不再受限于温暖、善良的正能量的表现形式，而出现了很多毒鸡汤。

所谓毒鸡汤，就是利用对社会负面事件的描写，写出直戳人心的文字，"以负促正"，直击人心。毒鸡汤式文章一经推出，便收到了用户的广泛认可和关注。

研究阅读量较大的毒鸡汤时我们发现，每篇毒鸡汤的标题都能直戳人性的脆弱点。企业在设计霸屏文案的时候，适当运用这种形式的心灵鸡汤能够"俘获"用户的真心。

　　蓝瘦香菇表情包，在当时稳稳霸屏了很长一段时间，如图8-2所示。蓝瘦香菇谐音难受想哭，以一种诙谐幽默的方式表达出人们的某种负面情绪。这种负面情绪表情包的流行，类似毒鸡汤的流行，能够直面人们生活中的负面情绪，帮助人们接受这种不可或缺的人生体验。

图 8-2　蓝瘦香菇表情包

　　在霸屏营销的核心概念中，需求即必需。而用户的需求是可以被创造的，就像每年的时尚潮向一样，人为地创造用户的需求，再设法满足用户的这个需求，可以为企业塑造新的营销形象。

2. 软文销售

　　每年在圣诞节来临之际，几乎全球的商家都会借此掀起刺激消费的宣传浪潮。海盗船饰品的圣诞节软文，曾以其个性鲜明、优美浪漫的文字成为当时的霸屏文案。

在海盗船饰品的公众号推文中，该企业并没有直推产品，而是通过美文、美景、美女、美图，潜移默化地促使用户产生继续阅读和了解产品的欲望。

海盗船饰品的设计理念为勇敢、自由和爱，目标消费人群以时尚人士为主，并且还是有一定消费能力的时尚精英。海盗船饰品就是抓住了时尚精英对产品设计的高要求，在圣诞节推出的宣传软文中，瑞雪系列、初雪系列、梦幻蓝雪花系列，以及风吹雪系列都融入了企业的设计理念，也满足了目标消费群体的需求，如图8-3所示。

图8-3　海盗船饰品宣传图

在海盗船饰品的圣诞文案中，心灵鸡汤与产品完美结合，产生了与产品相契合的宣传点。以这个宣传点为核心衍生出周边产品，在持续宣传中，形成了有特色的霸屏效果。

战略4

客群思维战略——以客群为纲，纲举目张

营销的主体是一切面向市场的组织和个人。一个贩卖钻石的人，同时也可能是一个推销高档鱼子酱的人。因为，愿意购买钻石的人，极可能也愿意购买鱼子酱。这就是一种客群思维。客群营销的精髓不是"找猎物"，而是"找同类"。企业应以客群为主，时刻牢记用户就是上帝的宗旨。

什么叫纲举目张？

纲举目张，就是分清主次，抓住主要环节，带动次要环节。在客群思维中，满足用户需求为主要环节，其他周边产物为次要环节。我们在设计霸屏产品时，一定要注意分析用户的需要，在找到用户的主要需求后，以其主要需求为主，向外扩展活动。那么，在企业的实际运用中，我们要怎么做呢？

1. 锁定目标群体的需求

企业面对的用户都有不同的思想和需求，正因这种差异，就要求企业以用户的需求为中心，制定一系列市场营销策略，再从这些用户群体中寻找共性，进行市场划分，最后选定目标市场。

古风歌曲从最初的非主流音乐地位到现在成为流行乐坛不可或缺的一部分，得到了"90后""00后"网络原住民的喜爱。这群年轻用户基本在网上收听和下载古风音乐，并分享到自己的朋友圈。

2018年10月22日晚，寒风料峭的故宫上演了一场名为"古画会唱歌"的音乐会，事实上，这是Next Idea腾讯创新大赛联合QQ音乐和故宫博物院共同举办的一个文创项目。

音乐会的创作灵感来源于故宫第一次公开展出的《千里江山图》《韩熙载夜宴图》《清明上河图》等11幅千年古画，腾讯和QQ音乐作为平台方，让参赛选手为每一幅古画配上一首歌。

其中包括张亚东和方文山以《千里江山图》为灵感创作的《丹青千里》，胡彦斌为《清明上河图》创作并演唱的《画中城》，霍尊为《韩熙载夜宴图》创作并演唱的同名歌曲，加上其他参赛选手创作的歌曲，共14首歌曲，组成了一张在QQ音乐上线的数字专辑。

在短短一个月的时间里，这张数字专辑就吸引了400多万用户在QQ音乐上为其中的作品投票，其中由易烊千玺演唱的《丹青千里》，在QQ音乐上的播放量甚至超过了6000万次，并且引发大量学生群体的转发。

腾讯抓住了目标用户的心理，然后制定市场宣传和营销策略，秉持着用户就是上帝的理念，充分解决了用户的实际需求。

2. 找准企业定位

企业定位包括对企业文化的定位、目标用户的定位、销售市场的定位。找准企业定位，就是找到了创造经济价值的方式。

2018年底，兴起了一批手工制作阿胶糕的私人制作室。无论是微博还是朋友圈，都能看到他们的身影。他们并不会像传统微商那样宣传产品，而是每天在微博和朋友圈宣传养生知识。

我的朋友圈里就有这样一个手工阿胶制作者。她的定位很明确，即养生保健。每当她推出转发积攒换礼活动时，都会在她的朋友圈里掀起一股小浪潮。

很多时候，企业的霸屏产品并不需要称霸所有社交媒体，也可以选择在一定范围内构成一定规模的影响力。

战略5

超预期战略——超预期，让大脑勃然兴奋

所谓超预期战略，顾名思义，就是利用超出预期的服务，培养用户的忠诚度。在竞争激烈的互联网时代，超出预期的表现可以帮助企业在竞争中胜出。这是一种创新且极其有效的思维方式。

1. 超预期能为企业带来口碑

这是一个"竞争过剩"的时代，越是超越预期的努力就越能得到更多用户的口碑，更好地吸引用户，扩展客群。企业要想打开自己的市场，首先要学会超越用户预期，与竞争者拉开差距，

曾有一位客人在海底捞就餐后，想打包自己没有吃完的西瓜，但是被海底捞的服务员拒绝了。可是当这位顾客结账后，服务员主动上前递给他了一个完整的西瓜，对他说："我们为您准备了一个完整的西瓜，切开的西瓜带回去不太卫生。"商家此举让顾客感动不已。

超越用户预期的服务或产品，能够获得良好口碑。很多时候，超预

期服务会给用户带来不一样的体验。当商家给予一定的超预期优惠后，用户会更加认可这个产品和其背后的商家。

霸屏产品的超预期战略就是要求企业在推广霸屏产品的时候，需要在不经意间给用户创造一些超预期的优惠政策，这种超预期的霸屏产品，能够获得用户的更多关注。

超预期战略，可以维护客群，并提高他们的忠诚度，持续不断地实现经济效益的提升。因此，促成持久口碑的方法就是超越用户的预期。

2. 给用户带来惊喜

没有任何用户会拒绝超预期的惊喜。给用户提供超出预期的服务，会成为提高用户回头率的关键因素。一旦用户对超预期服务感到惊喜，就会自发地为企业宣传，主动推荐给身边的朋友。

Zappos是一个在美国比较知名的卖鞋网站，后来被亚马逊以8.47亿美金收购。为什么这个网站受到亚马逊的青睐？其实，并不是因为这家网站的技术独一无二，而是因为它们对用户的服务以及品牌承诺是不断为顾客创造快乐和满足。

Zappos网站如何为用户创造快乐和满足呢？其最关键的一条，就是"用服务传达惊喜"——提供让用户喜出望外的服务，让用户的大脑时常处于"勃然兴奋"的状态，用户会时常怀念这种意外的体验，并期待下一次的"勃然兴奋"。

Zappos网站就是通过超预期的服务，赢取了用户的信任。比如，网站承诺在其网站买鞋后，4天即可送达，但实际上，他们在收到订单的当天就会发货，第二天就会将货物送到用户手中。除此之外，网站还推出了"售后延迟付款"的政策，用户在购买商品后的三个月内无须付款。网站还允许用户在买一双鞋的同时试用其他三双鞋，试用期后，用户可以免费退还不合适的鞋。

企业运营的核心在于有效地经营用户。打造企业新品牌的首要工作就是识别用户的预期，再打破预期偏差，逐渐形成稳定预期。而每家企业都应该有不同的超预期战略。

第九章

霸屏营销的 8 个创新思维

物质决定意识，意识通过主观能动性反作用于物质，这是辩证唯物主义的指导思想。互联网营销已经逐渐打破了线上与线下之间的壁垒，但随之而来的是线上红利的一去不返。线上市场与线下市场的融合衍生出了新零售的概念，然而，对于霸屏营销来说，这个概念还停留在思想层面，并没有具体方法与之匹配。但我们可以通过创新思维，探索可行的方法。

营销是一种古老的艺术

虽然人们在20世纪30年代才开始对市场营销进行系统科学的研究，甚至直到20世纪初期，美国人才正式提出了市场营销这个概念，但实际上，营销行为早在人类社会形成初期就已经出现了。

在货币这个商品交易媒介登上历史舞台之前，商品的流通主要以交换的形式进行。在这个时期，影响营销的主要因素是需求，人们通过提供他人所需要的物品来换取自己所需要的物品。虽然从现代营销学的角度来看，这种交换并未构成消费行为，也不一定是等价交换，但从营销的根本上来看，交换的双方都同时是经营者与用户，在交换的过程中，经营者获得了收益，而用户也得到了产品，因此，这种交换行为可以视作消费的原始形态。

随着货币的出现与消费行为的产生，营销得到了进一步发展。以营利为目的的企业的出现，使营销的主体发生了质的变化。随着社会发展，生产经营同类型产品的企业聚集而形成行业，而在同行业中，为了得到更多的利益，企业之间产生了竞争。在这种竞争的推动下，企业开始寻求提高生产水平和提升销量的策略，这个策略就是我们现在对营销的定义。

营销，字面意思就是经营和销售，二者分别对应着营销的主体和客体。经营主要指的是如何提升企业和产品水平；销售主要指如何吸引用户。在生产力水平和消费水平相对较低的年代，商业竞争还不像现在这么激烈，有限的产品和有限的用户恰好形成相对的平衡。在那个时期，营销的侧重点在于销售。

比如，中国古代的手工作坊，通常是依照传统方式进行生产，较低的生产效率和较原始的生产方式决定了其有限的提升空间。手工作坊之所以能够在中国古代兴盛一时，主要因其能够对一定范围内的消费群体产生有效的影响，吸引一定范围内的用户。手工作坊吸引用户主要依靠积累下的口碑，"酒香不怕巷子深"说的就是这个道理。虽然手工作坊规模小，生产力水平普遍偏低，但其中自然也会有质量的高低之分。水平相对较高的手工作坊，能够以口碑赢得更多人的信赖，也可以获取更多的收益。

工业革命之后，生产力水平大幅度提高，经济发展也上升到了更高的层次。手工作坊已经无法满足人们日益增长的需求，逐渐被社会淘汰。与此同时，大量的企业和公司如雨后春笋般涌现，企业之间的竞争也越来越激烈。在这一时期，营销的侧重点在于经营。

两次工业革命使大机器工业取代了手工作坊，成了主流生产方式，生产效率和生产水平的普遍提高，使得企业越来越难以在产品质量上寻求竞争优势。但与此同时，报纸、杂志、电台、电视的出现意味着文化传媒领域的蓬勃发展。而文化传媒的出现为企业获取竞争优势提供了一个新的途径，那就是宣传。同等水平的企业和产品，宣传力度大的可以吸引更多人，从而增强营销的效果。

进入21世纪，科技成了生产力新的重要推动力，网络也逐渐取代传统媒体占据了文化传媒的较重地位。对于现代企业而言，经营和销售具有相同的重要性。换言之，现代企业要想在竞争中占据优势，口碑和宣传都要做到位。

不同企业的科技创新能力的差异，导致了其生产力水平、产品质量的差异。质量更好的企业自然能够以良好的口碑赢得用户。而网络的普及使得信息的流通速度达到了一个前所未有的阶段，在这个信息爆炸的时代，通过宣传提高企业的曝光率也是必不可少的营销手段。因此，新型的霸屏营销模式应运而生，企业在利用宣传抢占线上流量的同时，还要在线下实现霸屏。

创新思维2

电商、网商都是过时的概念

　　网络购物在中国的发展始于1998年，短短20年间，中国的网络购物已经发展成为一个覆盖面广泛、基础设施完备的系统。在B2C刚刚兴起的时候，大量商家从线下市场转向线上市场，主要由于当时网店的经营成本远远低于实体店，而同样的，商品的网购价格也要低于实体店。

　　如今，随着网络购物的兴起，物流业水平逐渐提高，商家进货渠道愈发多样化，实体店与网店的成本差异在不断缩小。二者之间的业务重叠也越来越明显，实体店会在发展过程中同时开设网店作为辅助经营，网店也会在发展到一定程度时开设实体店以加强品牌宣传。所有这些现状可以归结为一句话：互联网已经渗透到网络营销和实体营销的各个领域，二者之间的区别渐趋于无。

　　在这种大局下，经营者的营销思维要创新，第一步应该是转变原有思想，电商或网商已不再是主流的概念，全渠道的霸屏式营销才是大势所趋。

　　"京东"是国内实力最为雄厚的互联网品牌之一，京东集团在中国网信部发布的2018年互联网企业百强榜单中名列第四位。作为一家电商平台，京东在霸屏营销上可谓是成功典范。京东的霸屏营销与传统意义上的霸屏并不完全相同，除了线上宣传，京东还在用户体验方面做足了文章，不止在流量上实现了霸屏，在用户群体中同样实现了霸屏。

京东最初主营的是光磁产品，2007年才将经营中心转向B2C市场，当时阿里巴巴旗下的淘宝已经是一方巨擘，占据着大量的市场份额。在这样不利的局面下，京东仍然取得了长足的发展。如今，京东已经能够与阿里巴巴交相辉映、分庭抗礼。究其原因，是因为京东在发展初期就注意到，网购并不是单纯的线上营销，所以，京东在发展初期就投入了大量资金，用于线下的物流建设，在其他电商平台还在追求"轻资产、低成本"以降低产品单价时，京东就已经凭借良好的购物体验"俘获"了大量用户。

现在已经不是互联网营销刚刚兴起时的线上红利期了，互联网因素在营销中的广泛渗入也慢慢淡化了互联网的标签。当所有营销都与网络相关联，就不存在网络营销和实体营销的区别了。在这样的环境中，霸屏营销要考虑的不再是如何发挥互联网的作用，而是如何将线上与线下更好地结合，以发挥其作用。这也就是所谓的新零售。

新零售指的是线上与线下相结合，通过多渠道吸引用户并实现流量的变现。

美团是国内的一家生活服务类网站，主要是以团购业务为主。在美团的所有业务中，与我们日常生活关联最大的就是美团的外卖服务。通过平台对商家进行展示，吸引人们点餐下单，然后再提供统一的配送服务，最后通过用户评分，帮助商家提升服务水平。

2018年，美团外卖又新增到店自提业务，用户可以在美团外卖平台订购商家的产品，然后自己去商家取餐。这样一来，美团外卖又吸引了一批线下用户。美团外卖的这种线上线下相结合的模式，让商家得到了更好的收益和宣传效果，也吸引了更多商家入驻美团外卖平台。

现代人的生活已经和互联网紧密地联系在了一起，我们可以通过淘宝、京东等电商平台购买衣物；通过美团等外卖平台购买食物；通过58同城等生活服务类平台租赁房屋；通过支付宝等网络渠道购买公交车票，衣食住行都已经蒙上了"网络色彩"。当网络已经切实地成为我们生活的一部分时，企业或品牌的经营也开始丧失了网络最初带来的低成本的优势。

当节流失去作用的时候，开源就显得格外重要。线上和线下结合的方式可以为企业的引流提供更多渠道，从而提升引流的效果，实现霸屏，推动流量变现的进程。

刻意制造对立只是一种营销手段

在纸媒时代，信息一般都具有严肃性，而在网媒时代，所有信息都不是表面呈现的那么简单。

人们经常会主观地把两个以上存在竞争关系的事物，放在对立的角度去观察和分析，这是人们趋利避害的本能选择。在对立的关系中，人们通过对比，可以更全面地理解这些事物。人们的消费行为也受到这种本能的影响，我们常说的"货比三家"就是指将多个商家的产品进行对立分析，从而选择最适合的产品。

对于企业而言，制造对立也是一种行之有效的霸屏营销手段。

"王老吉"是国内著名的凉茶品牌，凭借一句"怕上火，喝王老吉"的广告词红遍大江南北，中国质量协会对用户的调查报告数据显示，王老吉是用户满意度较高的茶饮料品牌。

王老吉和加多宝的商标之争从2011年持续到了2018年，最终，以王老吉这一品牌重归母公司（广州医药集团有限公司）所有，王老吉和加多宝共同使用红色罐装包装的权利告终。

虽然两家企业竞争凉茶商标的初衷是为了争夺王老吉这个品牌的使用权。但后来则演变成对已经形成霸屏效应的流量招牌的归属权的争夺。在对立的过程中,双方的行为都被用户,尤其是之前的忠实用户密切关注着。新闻媒体、自媒体自然也不会放过这种能够吸引人关注的素材,其他企业通过报道事件的最新进展吸引人们关注,为自己的平台增加流量。但无论关注还是报道,都在一定程度上将这两个企业推向了舆论的风口浪尖,形成了一种特殊形式的霸屏。

企业通过与同行业企业的对立,可以制造宣传的噱头以吸引用户的注意力。这种对立不一定真正存在于现实中,有些企业之间的对立是建立在意识层面的,是在用户的思维中树立二者或多者之间的对立。正如前文提到的,新型的霸屏不只要霸占线上的流量,还要霸占人们的意识。

蒙牛集团和伊利集团是国内最大的两家乳制品企业,它们的产品都是以人们日常消费项目中常见的牛奶类制品为主。虽然二者都是传统企业,在霸屏营销上并没有太大作为,但其实在它们的营销中也存在霸屏元素,不是致力于抢占流量,而是在用户群体中树立霸屏式口碑。所以,即使人们在电视、计算机、手机上并没有经常看到这两家企业的信息,但在购买或交流有关奶制品的品牌时,首先出现在他们脑海中的还是蒙牛和伊利。

虽然二者没有明确宣称双方存在对立关系,但无论是两个品牌高层管理者之间的渊源,还是在产品开发上,都在有意无意地把用户的潜意识往二者相对立的方向引导。

比如，在主打高蛋白、高营养的牛奶制品领域，蒙牛有特仑苏系列产品，而伊利有金典系列产品；在低温发酵类奶制品领域，蒙牛有老酸奶、冠益乳等产品，而伊利有安慕希、优酸乳等产品；在固态奶制品领域，蒙牛有蒂兰圣雪品牌，而伊利有冰工厂品牌。无论何种类型的奶制品，两家企业都有同类型产品可以一一对应，在这种情况下，用户在购买时自然会不由自主地将两个品牌放在一起进行对比。在对比中，不同需求的用户会选择不同品牌的产品。而这种由对比产生的选择结果，会在潜意识里强化用户对于自己选择的认同，从而提升对某一产品或某一品牌的认可度，形成消费惯性。

这种由企业引导用户形成的对立意识，可以让用户更精准地找到所需产品和品牌，提高用户对品牌的忠实度，实现在用户内心的霸屏，增强营销的效果。

企业制造对立不仅可以在宣传和营销上发挥作用，还可以为加强企业自身建设提供动力。

在对立关系中，总有一方会处于相对劣势的地位，对于处于下风的企业来说，对比自身的不足和对方的长处，可以借鉴对方经验来提高自身水平；对于处于优势地位的企业来说，为了能在对立关系中始终处于上风，也会不遗余力地开拓创新，以免被对方赶上甚至反超。

企业之间的对立关系对于打造企业文化也有一定增益。对企业员工来说，无论是在优势方还是劣势方，都会产生不同的心理影响。处于优势地位的企业可以通过渲染在对立关系中的主导地位，提高员工对企业的认同感和自豪感；处于劣势地位的企业可以以对方为标杆，调动员工的积极性。

无论是制造现实中的对立，还是意识形态的对立，从某种角度来说，对企业都是有一定帮助的。但这并不意味着经营者可以为了宣传效果挑起和其他企业的争端，制造宣传的噱头，也不应该为了争夺市场而发起恶意竞争。我们应该在合理合法的范围内，为维护自身权益或通过有利的引导形成对立，从而积极影响用户和企业自身。

万物赋能的全网思维

网络已经不再是一个专有名词，它曾经特指互联网，而现在除了互联网，它还用来表示系统化的事物，比如，物流网络、物联网络、社交网络等。全网思维，从狭义来讲，指的是全部互联网；而从广义来看，指的则是线上、线下所有的网络。

全网思维是时代的产物，是全渠道霸屏营销发展所需的思维基础。全网思维旨在从线上、线下不同领域获取信息，指导营销策略的决策和部署。万物赋能是全网思维的核心思想，意思是说，一切事物都具备影响其他事物的能力。这种能力是双向的，某一事物向另一事物赋能的同时，也会受到其反向赋能的影响。经营者可以通过万物赋能的全网思维掌握自己企业发展所需的信息和要素。

虽然全网是一个范围非常宽泛的定义，但仍然可以将其划分为三个部分：社交网络、传媒网络和商业网络。

社交网络主要代表的是驱动赋能。人是社会型生物，无论是从生物学角度出发，为了繁衍生息，还是从社会学角度出发，为了更好地融入群体，人们都对社交有着不同程度的需要。社交从根本上来看就是寻求共同群体的行为，人们通过社交建立起共同群体，而当共同群体的规模和影响力达到一定水平以后，霸屏也就自然而然地达成了。共同群体构成的决定性因素通常是不同个体间关键的共同点。

比如，明星的粉丝群体就是一个范围非常广泛的共同群体，这个群体中的人都是因为有着共同的偶像而逐渐聚集形成群体。从艺人发展到明星的过程中，粉丝数量会不断增加，粉丝群体的规模也会越来越大。当粉丝数量达到一个极高的水平时，明星的影响力和出镜率也会提高到相应的水平，也就是说，粉丝群体规模越大，明星的霸屏效果就越明显。

企业或品牌的用户社交群体无法像明星的粉丝群体一般，形成基数较大且有组织的团体，通常都是由区域范围内有共同使用经验的用户组成的社交群体。但区域性的社群一样具备在一定区域内形成霸屏的驱动导向作用。有共同使用经验的用户会在群体中发表见解并进行交流，从而吸引同一区域有共同经验或需求的人成为群体的新成员，随着群体的扩张，霸屏效果也就逐渐形成了。

传媒网络主要代表的是宣传赋能，宣传应该可以说是形成霸屏最重要的手段。虽然社交网络也具备宣传的能力，但社交网络是以一种间接的手段发挥宣传能力，通过他人之口进行宣传。相比之下，传媒网络的宣传就更加直接和有效。

一家企业的传媒网络其实可以视作其所有宣传渠道的总和，纸质媒体、电子媒体、网络媒体等都是传媒网络的组成部分。传媒网络与社交网络是密不可分的，二者脉络相互交织，错综复杂，并共同拥有一部分元素——社交媒体。社交媒体既是社交网络的组成部分，也是传媒网络的组成部分，社交与传媒以其为纽带，被紧紧绑缚在了一起。社交需要传媒提供原始宣传来建立初期的用户社交群体，而传媒则需要社交将原始宣传的效果进行提升和放大。

商业网络相对独立于其他两种网络之外，主要代表的是改造赋能。为什么说商业网络相对独立？因为商业网络主要包含的是消费发生前的生产过程以及消费发生时和发生后的服务过程，这些元素都取决于企业的硬件实力，所以相对独立。

商业网络的改造赋能指的是通过产品和服务对市场产生影响，从而形成霸屏。可能有很多人不能理解，为什么产品和服务可以改造市场。的确，一般情况下，市场负责生产产品和提供服务指导，但新鲜事物永远比旧事物更容易成为热门，形成霸屏。超越市场想象，超前的创意和产品才是一个创新型企业在新时代的追求和目标。赶超市场意味着在某一行业树立以自身为标杆的觉悟，通过创新，开发新的产品，刷新市场对于该类型产品的惯有印象，对于市场当然可以说是一种改造。

微软是世界上最大的计算机软件供应商，也是民用计算机开发的先驱。在Microsoft 和Windows被开发出来之前，没有人想过配置如此高端操作系统的计算机可以走进千家万户，但微软用自己强大的创新力和钻研力实现了这个目标，改变了市场对于民用计算机的看法，并征服了市场。

微软中国的微博账号有20多万的粉丝，虽然相比动辄几百万、几千万的明星粉丝数量来说，20多万只是九牛一毛，但作为一个企业的中国分公司可以达到这个数量已经实属不易。能够打造出一个数量相对较大的粉丝社交群体，也能说明，微软在利用粉丝社交群体进行宣传方面具备一定经验和方法。如果想深究微软是如何吸引如此数量的粉丝的话，就要说到微软的宣传方式。

微软开发的 Windows 系统是目前市面上最主流的操作系统，操作简单，处理能力强大，但这并不意味着 Windows 系统是完美无缺的。用户在使用过程中，也会不断发现系统中的问题，微软会不断更新补丁和系统版本来弥补这些漏洞。而这些更新的补丁一般会在微软的官方网站和社交媒体上进行发布，用户为了及时获取这些最新信息，就会持续关注其社交媒体。

不是每一个企业都能成为行业的领军者，但如果不去创新进取，企业的活力就会下降。新时代的经营者应该意识到，只有通过不断的创新进化，超越自身乃至市场的限制，打造新鲜产品，并通过宣传和社交手段形成全方位霸屏，才是发展的根本出路。

穿破软件与硬件的壁垒

随着生产力水平的普遍提升，各个企业在软件和硬件水平上渐趋同质化。如何在相同类型甚至相同质量的产品中实现霸屏，是企业在践行霸屏营销时的重中之重。

"软件"一词多指那些按照最初顺序制定的数据集合，一般分为系统软件和应用软件。对于一家企业来说，软件也指企业的文化和价值观、品牌等。"硬件"一词则指由具有不同功能的模块组成的部件，如硬盘、主板等，引用到企业中，多指企业的资产或设备。网络营销结合了企业的软件与硬件，以互联网为基础，以期达到霸屏的效果。那么，怎么才能穿破软件与硬件的壁垒实现霸屏营销呢？如图9-1所示。

1. 进行主题营销

传统的营销大多是为了"教育"用户，企业和品牌总是以一种高高在上的视角去看待用户。随着网络媒体的盛行，这种情况开始出现反转。企业还用这种方法是经营不下去的，所以需要转换一下态度，放下身段，多与用户交流和对接，实现企业的人格化，加强其社交性。主题营销则是与用户沟通的一种创新手段。企业通过将自身的IP主题与其强大的实力相结合，为自身吸引流量，达到霸屏的效果，实现利益增长。

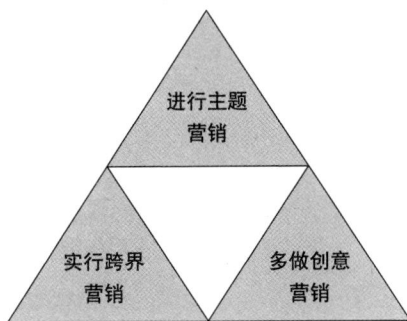

图 9-1　穿破软件与硬件的壁垒

2016年，迪士尼乐园落户上海，这一消息一经发出就迅速引起国人热议。按道理来说，"迪士尼"这种世界级的品牌本身就自带霸屏属性。但是对于此事，很多人持怀疑态度，认为来自国外的迪士尼在中国会"水土不服"，对其前景不太看好。后来，在一段时间内，也证明了人们的质疑不无道理，因超负荷的客流量造成的园区拥堵，游客排队买票时间过长，门票代理商跑路等问题最终形成冲击迪士尼的负面舆论。

但最终，上海迪士尼还是克服了这些问题，取得了应有的成绩。在2017年5月的时候，由上海迪士尼公司发布的第二季度财报显示，开业即将满一年的上海迪士尼乐园从亏损中脱出，实现了小幅盈利。

上海迪士尼之所以能够从负面新闻中脱身而出，并吸引大量用户，主要还是因为迪士尼自身的强大底蕴和核心竞争力——大量的动漫人物IP版权。游乐园的主要用户是儿童和其父母，而父母选择游乐园的原因大多也是根据孩子的意愿。

迪士尼抓住了动漫人物IP与用户之间的情感联系，并将这种强大的IP主题创意与其强大的体制结构相结合。这正体现了企业软硬件结合的创意营销，使用户产生共鸣。

主题乐园的IP与游客的情感是相连的，这属于针对游客的一种强化识别方法，也是市场营销的一门利器。

拥有一个强大、吸引人的IP主题，无疑会使整个企业的营销活动更具创意性和吸引力，从而帮助企业实现霸屏。

2. 实行跨界营销

跨界营销也是实现霸屏的一种方法。这种方法就是通过结合不同的元素，互相渗透、互相作用，为企业品牌打造更强的竞争力。

有时，某些品牌会因为特征比较单一，吸引流量的能力有限，影响力范围也比较狭窄，所以需要找一个能够与之互补的品牌合作。这样就能形成品牌张力，实现品牌的有效传播。

可口可乐和网易云音乐，一个是百年企业，立足快消界的全球知名品牌；另一个是成长于互联网时代的音乐界黑马。它们虽然在各自领域都占据着举足轻重的地位，但二者貌似并没有什么直接联系。这看似并不相关的两个品牌却实现了一次前所未有的合作。可口可乐和网易云音乐举办了一场"唱片"活动，围绕着双方的品牌内核实现了一次成功的产品营销。

该活动在北京市朝阳大悦城举行，商场门口屹立着一张巨大的"唱片"，"唱片"上面是一个巨大的可口可乐瓶，而瓶中流出的可乐演变成了一个五线谱，现场还有一个身着红色衣服的人在"唱片"前跳舞。该活动利用投影技术捕捉"能量"，当"能量"满50格以后，巨大的"唱片"就会被点亮，触发灯光秀，如图9-2所示。活动现场吸引了大量群众围观，现场氛围格外热烈。

图 9-2　可口可乐和网易云音乐举办的活动现场

该活动的现场装置主要以红色和黑色为主，巧妙地将两种品牌的内核思想相结合。这次跨界合作，给用户传递了两种品牌的精神内核。

可口可乐与网易云音乐的强强联合给我们一个启示，企业若想让产品的功能和运营自带影响力，最大化地为企业树立营销目标，跨界营销是不错的选择，既能带来更多用户，也能扩大品牌的影响力。

3. 多做创意营销

新颖的产品和服务相比老旧的事物更容易吸引用户的目光，有更高的概率实现霸屏。企业要想在营销上创新，就应注重企业软件与硬件的结合。有时候，单独提升企业硬件水平并不容易，我们目前面临的多数情况是，模仿多于创新，创新薄于创造。而企业的软件水平如果不能带给用户更好的体验，往往会让用户觉得乏味无趣。因此，面对这样的境况，企业可以把软硬件相结合，给用户带来一点创意和创新。"软硬结合"的终极目标就是通过创意制造鲜活的吸引力因素，博得更多用户关注，最终实现霸屏。

　　成功的企业往往离不开成功的营销方法，三只松鼠就是这样的企业。从创立至今，三只松鼠始终处于坚果零食行业的领先地位，令人惊叹的在坚果零食行业实现了霸屏。

　　为什么三只松鼠能够获得如此成绩？它的营销秘诀是什么呢？其实这离不开它的创意营销。

　　在服务方面，三只松鼠设计了一个崭新的创意营销方案，每一位客服人员都会以松鼠的口吻在线上与顾客交流，亲切地称呼对方为"主人"，打造了一种专属的个性化服务。

　　在包装方面，三只松鼠的UI实现有效统一，包括快递箱子和外包装所用胶带都完全统一，这会强化企业形象，利于口碑传播，可以吸引不少流量。其包装箱上还附带了开箱神器以及俏皮的开箱语，这就间接告诉顾客箱子没有被打开过，优化了顾客的整体体验。

　　再看三只松鼠的内包装，除了顾客购买的零食，还有一些"小惊喜"，比如，一个收零食果壳的小袋子，叫"鼠小袋"；用来擦嘴的"鼠小巾"；各种各样的系列卡片，可以激发用户的购买欲望；各种试吃产品，都是三只松鼠旗下的零食，可以间接地为自己的产品做宣传；还有一些精美的小礼物，如钥匙扣、明信片等。最能打动顾客的是一封来自商家的手写体书信，提升了顾客对三只松鼠的认同感，同时也激发了顾客的分享欲望，实现了品牌的传播效应。

互联网时代，打破软件与硬件的壁垒，利用新的营销方式实现霸屏是一种新的营销手段。企业需根据自身情况"量体裁衣"，不能盲目实施。企业应结合自身特点，利用创新思维为自己的企业引流，扩大品牌影响力，最终实现行业内的霸屏营销。

线上线下高度融合

传统行业的营销都是将线下资源作为首要因素，而网络企业的营销更注重线上流量。但是如今，企业通常都是线上业务与线下业务并行的体制，对于这些企业来说，只有线上线下高度融合才能实现全渠道的霸屏。

就目前现象来说，企业的线上优势主要在于纳新，因为网络的覆盖面广，信息更新速度较快；线下所具有的优势是区域性强，企业可以针对区域做精准定位。其实，线上和线下并不是相互取代的关系，它们完全可以互补。企业可以利用线上渠道提高产品的知名度，再鼓励用户由线下购买。

但是现代传统企业普遍存在很多问题。

首先，所属资源过于分散，无法整合。各行业中的渠道资源根本无法实现共享，品牌的曝光度极低，这使得渠道中的信息无法交汇。

其次，产品扩展比较困难。企业无法实现线上渠道的扩展，内部库存压力大，很难实现对有效用户的挖掘。

最后，管理线上线下有一定难度，各方冲突不断。

因此，企业需要借助社交媒体改变营销模式，进行全网推广，提高品牌曝光度，吸引更多用户关注。那么，应该怎样实现线上线下高度融合呢？如图9-3所示。

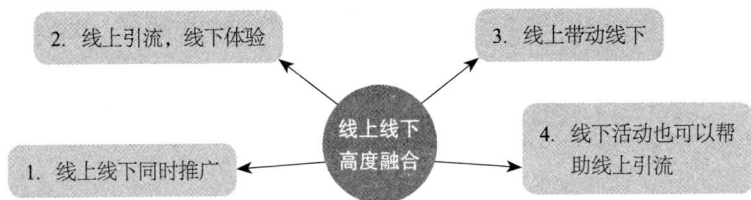

图 9-3　线上线下高度融合

1. 线上线下同时推广

其实线上和线下完全可以同时进行推广活动，企业除了可以在实体店组织宣传活动，还可以借助各大平台吸引用户。各平台都有自己的目标用户，企业可以借助各平台对目标用户进行营销。

通常情况下，线上用户更看重产品的低廉价格，以及可以跨区域购买的便利性。线下实体店和线上平台并不冲突，用户在线下实体店购买商品后，企业可以通过优惠券等形式将这些用户引到线上平台。企业也可以在线上平台发布企业实体店的地址，引导人们去线下购买。线上的推广通常能够帮助企业增加品牌的曝光度，线下的实体展示有利于增加用户的信任感。如此一来，线上和线下的结合可以吸引更多用户。

2. 线上引流，线下体验

依靠线上各大平台引流，可以帮助企业在品牌宣传上发挥更大作用。渠道的巨大影响力能够吸引用户到实体店进行消费。除此之外，企业还可以借助大数据，积累线上用户数据，分析用户的消费行为，为每个用户"量身定制"专属体验服务。

相比其他行业的营销策略，天猫对"双十一"活动的宣传可以称为霸屏级别的营销。"双十一"活动的前十天，天猫会在线上和线下启动"疯狂"的营销活动。在线上进行大规模"撒网"，在各大平台和APP首页进行宣传，除了常规的推广方式，天猫还采用VR、增强现实等方式进行营销；在线下渠道，天猫会在各大地铁口、广告位、电梯楼道等处张贴广告海报进行宣传。

比如，在"双十一"活动开始的前十天，天猫利用VR技术制作了"穿越宇宙的邀请函"，最先在朋友圈引起霸屏，为正式活动预热。天猫还策划了"寻找狂欢猫"主题活动，充分将线上和线下结合，吸引了不少用户流量。

除此之外，天猫还通过直播的形式，邀请网红和明星进行直播推广，帮助其提升知名度。

天猫通过将前沿技术、热门人物和自身创意相结合，不仅为"双十一"活动提高了知名度，还吸引了更多线上线下的用户流量，不断扩大霸屏战果。

3. 线上带动线下

企业应积极关联线上与线下的数据，培养自己的专业运营团队，挖掘更多忠实的用户。让线上和线下真正实现融合，放大各自优势，取长补短，最终达到增加用户黏性的效果。

线上和线下不是孤立的两部分，线上是用户流量的主要来源，线下是留住用户的重要渠道。线上的影响力是企业的无形资产，可以通过线上的影响力吸引用户参加线下活动，从而推动线下活动的开展，促成线上线下联动机制。

4. 线下活动也可以帮助线上引流

虽然线上是用户流量的主要来源，但有时，线下活动也可以帮助线上引流。比如，企业在举办线下活动的时候，可以让参与者扫码进行线上支付，引导非线上用户关注线上信息。

其实，将线下用户引流到线上的思路和做法并不新鲜，现在很多企业都在尝试建立线下体验店，帮助线上引流，有赞很早就开始进行这方面的尝试了。

据媒体报道，截至2016年年底，与有赞合作的商家中有近70%来自线下，有些合作品牌甚至把自己的所有线下门店都"搬"上了有赞。

其中，鲜丰水果就将自己线下门店的会员都引导到了有赞的线上平台，从此打开了线上线下联合的发展道路。

线下门店的新用户就是新的用户流量，企业可以让这些新用户通过扫描二维码的方式成为会员，将这些用户转移到线上，再通过用户的线上分享带来更多新用户。

随着线上线下融合方式的不断成熟和积淀，以及移动互联网技术的不断完善和发展，企业需要根据自身实际特点和品牌优势找到属于自己的线上线下融合的霸屏营销方案。

在电子商务的浪潮中，企业可以把线上线下融合的营销模式运用得恰到好处，以此达到全渠道霸屏的效果。

守正比出奇更重要

《孙子兵法》有云："凡战者，以正合，以奇胜，故善出奇者，无穷如天地。"如果传统手段不适用于现状，我们只能采取出奇制胜的方法。转换到企业营销当中，"正"就是为用户创造价值，以及做好基础工作；"奇"就是"以小博大"的营销手段。

小米创始人雷军曾说过，遇到问题的时候，人们总希望用各种奇招来逆转境遇，这个想法其实是错的，遇到困难一定是我们的某个环节或基本方法出现了问题，因此，守正比出奇更重要。

随着网络的发展，企业想吸引用户流量、制造霸屏效应越来越难。为了提高用户流量，扩大营销成果，一些企业屡出奇招。但无论是过分依赖线上平台而忽略线下；还是产品质量不过硬，过分依靠线上营销，都是不能成功的。那么，企业应该如何做到守正呢？如图9-4所示。

1. 坚持为用户创造价值的初心

坚持为用户创造价值，就是要"正心"。对于企业来说，其存在的首要目的就是为用户创造价值，因此，企业的价值取决于用户的数量和忠诚度。只有不断赢得更多用户的认可并提升他们的忠诚度，企业才能得到用户由衷的认可，才会走得更远。

　　企业要经常与用户进行互动和沟通，尽一切努力为用户创造价值，营销活动也能实现可持续发展。

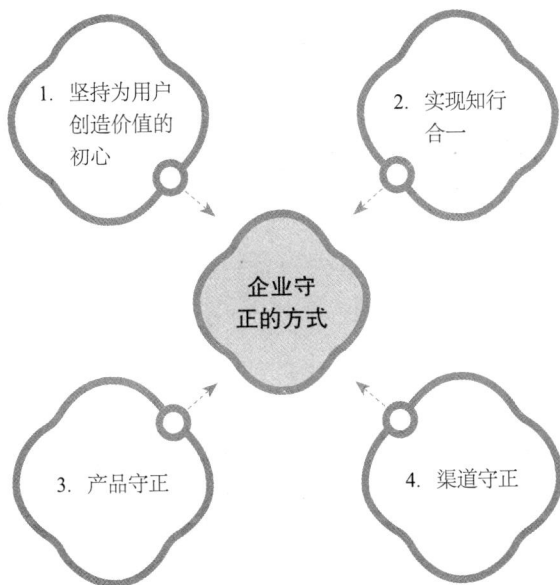

图 9-4　企业守正的方式

2.　实现知行合一

　　企业要结合用户的购买行为，充分分析和研究用户的消费习惯。通过多种渠道加强与用户的沟通，尝试从用户的角度解决问题。企业在与用户沟通的时候，要用他们喜欢的方式，充分尊重他们的意见和建议。

3. 产品守正

互联网时代，企业只有做好产品才能赢得口碑。我们都说未来是一个消费升级的时代，这里所说的升级并不是指把产品做得很花哨、有噱头，而是指在产品在功能和质量上进行创新升级。但这种创新并不是天马行空的创意，而是在原有产品的基础上，取其精华、去其糟粕，融入新元素和新创意。所以，企业在营销的时候，要先做好核心功能，再寻找其他突破口。

华为是在部分型号的手机中使用自主产权处理芯片的国有手机品牌之一，也是国人最引以为傲的"走出去"手机品牌。华为的高端手机型号都拥有中国自主知识产权，从研发该型号手机到应用海思麒麟芯片，都由国人自主完成。虽然在工艺和处理能力上，华为的海思麒麟芯片与高通系列产品还有一定差距，但绝对是处理器品牌中一颗冉冉升起的新星。而且在中端处理器领域，海思麒麟芯片已经可以和高通的产品相媲美，甚至在华为最新的"GPU turbo"技术地推动下，海思麒麟芯片的处理速度得到了很高的提升。

近几年，华为不断更新自己的手机产品，从偏商务的荣耀系列、mate系列，到现在适合年轻人的Nova系列和麦芒系列等。但无论怎么更新，在高端手机领域，华为始终没有改变它的"心"——海思麒麟芯片，在不断改进海思麒麟芯片的基础上，华为对手机的其他方面也不断进行更新和升级。比如，配备更好的摄影硬件、设计更漂亮的外观、开发更智能的操作程序等，这些都是华为在保持"核心"的基础上进行的突破。

无论产品如何变化，只要"心"不变，就能保持企业的核心魅力。

4．渠道守正

企业要根据自身实际情况选择线上和线下渠道，如果企业仅依靠线上渠道进行营销就极易忽略线下渠道的重要作用。企业要坚持线上线下"两条腿"走路，重塑结构管理，利用线下渠道坚持守正创新，并在线上渠道积极拥抱未来。

企业要想打造霸屏产品，就要保持良好的可持续发展潜力，更要坚持"守正"。"守正"不是一成不变，而是要保持原有的核心优势。在"守正"的前提下，还要做到"出奇"，通过不断创新以保持企业核心技术的不断优化，永葆企业活力。

从传统零售到新零售

从最原始的易物交换到小店铺、小作坊，再到后来的百货商店、超市，零售行业已经在这个市场上演化了数百年。时代不断进步，零售行业也不断崛起，新零售的概念被越来越多的人熟知。

新零售指的是企业以互联网为依托，通过人工智能等先进技术来实现货物的全渠道经营，将企业的生产过程和销售过程升级，实现线上线下的高度融合，以提高用户体验、提升企业经营效率为目的的新型营销模式。从运行机制上看，新零售与霸屏营销不谋而合。

传统零售行业已经发展到"瓶颈"阶段，既不具备线上优势，积攒客流的方式也非常单一，只能通过用户进行口碑传播。所以传统零售行业必须推陈出新，如果只是简单地把商品的销售渠道转移到线上，而忽略线下商品的生产及销售环节，很难提升企业的运行效率。面对零售行业的发展前景，突破以往的销售模式，加速改变营销策略，已经成为企业亟待解决的问题。

那么，新零售相对于传统零售具有哪些优势呢？如图9-5所示。

1. 带给用户不一样的体验　　2. 价格壁垒消失

新零售所具有的优势

2. 场景多样化

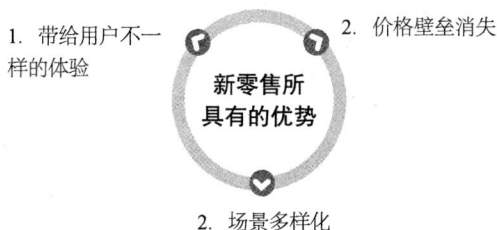

图 9-5　新零售的优势

1. 带给用户不一样的体验

新零售可以带给用户不一样的体验。传统的零售模式是将线上购物和线下购物分开，用户只能在固定场所和规定时间内购物与消费；线上网购虽然很方便，但用户很难看到实物，而且用户下单后还要等待快递，这是网购的弊端；而线下购物虽然能看到实物，并且购买完成后即可获取商品，但前往实体店也是要花费时间的。

新零售作为一种全新的购物模式，将线上和线下优势巧妙结合，让用户既能感受到互联网带来的方便，又能像线下购物一样快速获取商品。新零售模式利用图片展示实物，用户在线上下单后，由附近的配送站立即配送，用户只需等待片刻就可以收到所需商品。这种方式对于习惯网购或线下购物的用户来说，都是一种新体验。

2. 价格壁垒消失

新零售模式下，用户不仅可以在网上下单，还可以在线下实体店下单。值得一提的是，新零售模式可以保持线上价格和线下价格在同一时间内一致，也就是价格壁垒将会消失。用户下单后，不再需要漫长地等待，可以选择厂家直接发货或直接在线下实体店取货。

3. 场景多样化

传统零售行业的流程一般包括挑选货物、付款和取货，场景相对单
一。而新零售的场景更加多样化，也因为时间、空间的不一致性形成了
深度的闭环网，其中包括APP购买、直播购买、智能货架、门店购买等
场景。不同于传统零售业的形式，用户体验也更加丰富，如图9-6所示。

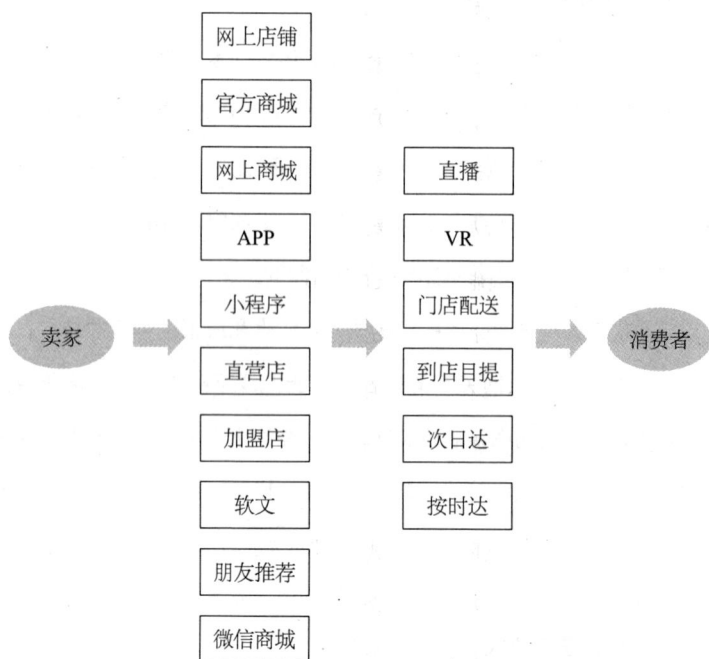

图9-6 新零售的多样化场景

了解了新零售的优势后，企业应该怎样利用自身优势抓住新零售的
风口呢？其实新零售的本质就是将线上和线下充分融合，实现互利互
补。我们有理由相信，一种相互交织、相互赋能的零售模式即将快速

崛起。

盒马鲜生是较早实现新零售模式的企业，效果也比较好。盒马鲜生创立之初就致力于解决大多数生鲜零售产品的核心问题。

盒马鲜生的门店看上去更像是一家超市，但在门店布局上，生鲜货物的占地面积非常大。在 4000 平方米的购物场景中，盒马鲜生还设置了餐饮体验区，用户可以现场购买、现场制作。

从表面上看盒马鲜生只是一家门店，但在这家门店背后还隐藏着一个巨大的物流派送平台，鼓励用户在门店购物的同时也支持他们在线上购买。盒马鲜生最初的设计思维是实现"店仓一体"，也就是说，它既是一家门店，也是一个仓库。毫无疑问，这其实是一家线下经营的网络门店，线上和线下的价钱能够保持及时更新和统一。

盒马鲜生在门店内设置的餐饮区域能够提高用户的进店体验，增加信任感。线上网店还能在企业的自营 APP 上售卖商品。由此可见，盒马鲜生在新零售模式的探索上取得了较好成绩。

作为新时代的互联网营销模式，新零售的核心在于将线上和线下高度融合，从而更好地解决用户和企业的痛点，以此来构建一个崭新的商业形态。在新零售模式逐渐发展的进程中，企业在开发更多渠道时也会促进全渠道引流的发展，从而间接实现霸屏营销。